QVI NON INTELLIGIT, AVT TACEAT, AVT DISCAT.

IGNIS

AER

MONAS HIEROGLYPHICA

IOANNIS DEE, LONDINENSIS,
AD
MAXIMILIANVM, DEI GRATIA
ROMANORVM, BOHEMIÆ ET HVNGARIÆ
REGEM SAPIENTISSIMVM.

DE RORE CAELI, ET PINGVEDINE TERRAE, DET TIBI DEVS. Gen. 27.

Guliel. Silvius Typog. Regius, Excud. Antuerpiæ, 1564.

INCLYTI REGIS
MAXIMILIANI
EXCELLENTISSIMÆ MAIESTATI,

IOANNES DEE, LONDINENSIS,

Imperium optat Fœliciſſimum.

Vᴁ duæ cauſæ, meæ Conditionis Hominem, REGEM tantum, tam exiguo donare Munere, animare poſſunt, hæ ambæ, nunc, me ad hoc faciendum impulêre. Beneuolentia nimirum erga veſtram Maieſtatē mea maxima: Et Muneris ipſius, licet parui, tum Raritas magna, tum Bonitas haud aſpernanda. Beneuolentiam vobis excitauêre et conciliauêre ſempiternam, Veſtræ admirandæ Virtutes: Quæ tantæ ſunt, Vt, qui illas oculata non perſpexerint fide, alijs quidē, vel mediocriter credant, Rariſſima, de eiſdem, licet veriſſima, narrantibus. Sed qui eaſdem diligenter accuratiuſq́; ſunt Contemplati Præſentes: Orationis, ſe, Dictioniſque maxima laboraturos Inopia ac paupertate fatebuntur, quam primùm Oratòriè in earūdem omnem ſe diffundere cupiant Amplitudinem: Huiuſce rei cauſas, Ego, proximè iam præterito Septēbri, in Hungarici veſtri Regni Poſonio, aliquam trahens moram, luculentiſſimas, easque varijs exploratas modis, oculatus cognoui Teſtis.

De Muneris autem (mole quidem ipſa exigui) quod dicerem Raritatè, verbis, quàm fieri poſſit, pauciſſimis, Mihi, Mentis indaganti conamine toto, Occurrit Humana vitæ

næ vitæ Duplex, inque diuersas sententias, Cursus (quorum alterum ingrediuntur Plerique omnes) istac conside-
randæ ratione. Quam primùm, Infantiæ confecto cur-
riculo, Pueritiæque: Adolescentum iam, Quod vitæ deinceps ingredientur genus; Animum torquere incipiat
Optio: Tunc, in ancipitis Iudicij aliquantulum hæsitantes,
Biuio: Statuunt tandem: Vel, (Veritatis Hij quidem &
virtutis Capti Amore) ad Philosophandum, toto reliquo
vitæ spatio, neruos contendendos omnes : Vel, (Illi certe,
Mundanis irretiti Illecebris, aut Diuitiarum flagrantes
Cupiditate) delicatã Quæstuosámue, vitam ducere, modis
sollicitè laborandum omnibus. Et Istorum, Mille, profectò, 1.
vel facillimè inuenias: Vbi Illorum (sincerius scilicet qui
Philosophiæ operam nauant) vix Vnum monstrare queas;
Qui ipsa Physicæ, saltem prima Veráque, degustarit fundamenta. At, Qui Cælestium virium & Actionũ: Rerum 2.
aliarũ Ortus, Status, Obitusque, fuerit penitius pleniusq́;
perscrutatus Caussas: ne eorum quidem, qui se totos ad Sapientiæ studia conuertêre, Millesimum, in medium adferre,
re, Resp. Literaria potest. Quid ergo, Qui, istis difficul- 3.
tatibus superatis omnibus, ad Supercælestium Virtutum,
Metaphysicarumque Influentiarũ Speculationẽ & Com-
prehensionem Aspirarit, V B I H V N C, in toto Terrarum
Orbe (nostris istis deploratissimis Temporibus) Magna-
nimum, vel V. N V M, esse, sperabimus H E R O A? Cùm iuxta prioris nostræ (haud temerè receptæ) M I L L E S I M Æ
Proportionis Progressum: E X C E N T V M S I N C E R E

PHILO-

PHILOSOPHANTIVM MYRIADIBVS: AT EX
PROMISCVÆ HOMINVM SORTIS, CENTVM
MYRIADVM MILLIBVS, HVNC VNICVM
FOELICISSIMVM FOETVM EXSPECTARE
DEBEMVS. *Cuius sic demonstratæ* RARITATIS,
HIEROGLYPHICVM *Typum, ad Pythagoricam (di-*
Etam) appingemus literam. Vbi, vestræ Excellentiæ atten-
tius intuenti, maiora sese (consideranda) offerre videbun-
tur, Mysteria: ex nostris hoc modo descripta COSMO-
POLITICIS *Theorijs.*

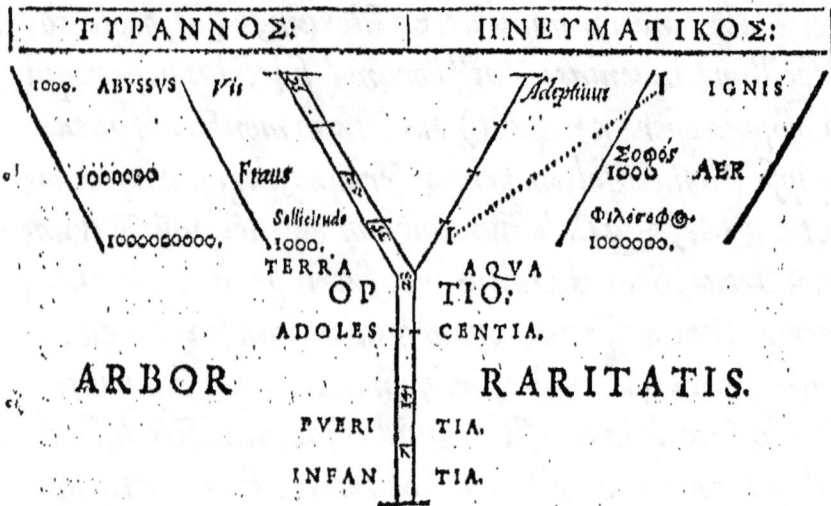

| ΤΥΡΑΝΝΟΣ: | ΠΝΕΥΜΑΤΙΚΟΣ: |

1000. ABYSSVS *Vis* — *Adeptiuus* IGNIS

1000000 *Fraus* Σοφός 1000 AER

1000000000. *Sollicitudo* 1000. Φιλόσοφ. 1000000.

TERRA AQVA

OPTIO:

ADOLES — CENTIA.

ARBOR RARITATIS.

PVERI TIA.

INFAN TIA.

In quo nunc Triplicis istius (Philosophicæ) explicatæ
Raritatis Gradu (Clementissime REX*) Optarem quidem*
hoc meum Esse, Censerique Munus: Vel Ipse, qui Artium
Maximarū, Rerumq́, Secretissinarū cognitione Excellis &

Abundas

Abundas, facili possis assequi coniectura. At in Insimo, **I.** *primoque Philosophandi genere, statuere: non id à me arroganter esse factum existimo. Etsi ab humo, altius interdum videatur Caput leuare velle: Ex eodem ergo & BO-NITATIS Gradu, fructus vberes, de isto meo Sperandos Munere, Vestræ Celsitudini polliceri, audeo. Et, hæc* **2.** *quoque Raritate præditum est, hoc nostrū Munus, Quod eo genere Scribendi, vsque ad extremum Orationis filum, contextum est, quo, nunquam, ad hodiernum vsque diem, aliquod fuisse absolutum Opus, vel auditione accipere potui, vel ex Maiorum intelligere Monumentis.*

Hieroglyphicum etiam licet appellem, subesse tamen & **3.** *Lumen & Robur quasi Mathematicum, Qui penitius examinarit, fatebitur: Quod in tam Raris factitare rebus, satis esse Rarum liquet. An non hoc Rarum, quæso,* **4.** *Astronomicos Vulgares Planetarum Characteres, (ex Mortuis, aut Mutis, aut saltem quasi Barbaris ad hanc horā Notis;) Iam, Vita imbui Immortali: & in omni Lingua & Natione, proprias suas Eloquentissimè explicare posse vires? Cui etiā accedit & istud valde Rarum: Ex-* **5.** *terna eorundē Corpora, ad mysticas iam suas (optimis Argumētis Hieroglyphicis)esse reuocata, restitutáue Symmetrias. Quasi, vel eædem fuissent olim, apud Sæclum prius: vel tales fore nostri Optassent Maiores. In Ecliptica* **6.** *Dodecatemoriorum Notis, quàm nouo, fæliciq; idem præstare tentauerimus successu, & id videre, Vt est Rarum, ita Nouū prorsus. Et hæc omnia in Vnico, eoque* MER- **7.**
CVRII,

CVRII, *Charactere Hieroglyphico (Acumine quodam præmunito) includi, est omnino Rarissimum. Verè ergo, Ille, nobis totius Astronomiæ Restitutor & Instaurator nominari potest: Et nostri* IEOVÆ *in hoc genere Nuncius, vt Sacram hanc Scriptionis Artem, vel* NOVAM *Conderemus Primi: vel extinctam prorsus, & ex omni hominum Memoria deletam, eius Reuocaremus Monitis. Idque, à nobis, hoc est factum modo, vt placidissimè, & quasi sua sponte, Hieroglyphicæ illæ Interpretationes Omnes, sese in medio ponant: Violentum nil, vel Improprium quasi per totum videri Opusculum potest.*

8.   *Et hæc, Ita,* LONDINENSI *nostro* HERMETIS SIGILLO *(ad sempiternam Hominum memoriam) Consignari, Vt, in eodem, ne Superfluum Punctum Vnum, & ad hæc quæ diximus significanda, (longéque maiora) ne vnum deficiat Punctum, Omnes cogentur, maximè fateri Rarum. At præ ceteris, Illi, qui in Philosophiæ Sapientiæque profundioribus Disquisitionibus, Nomen possunt profiteri suum. Sic enim Testificabuntur* ʋ *Grammatici: dum rationes esse reddendas, de Literarum formis, Situ, Locis in Ordine Alphabetario, Nexibus varijs, Valore Numerali, alijsque plurimis (quæ circa Trium Linguarũ Alphabeta Primaria cõsiderari debent) hìc admoneri se videbunt. Vt & aliàs, tam Rarum esse Grammaticum,* QVI *Grammaticã,* VNAM *esse Scientiam, ab* VNO *discendam Homine, exacte defendere possit: Quàm Illum, quem Supra in Terris demonstrauimus Rarissimum:*

An.1557.
In Speculo
nitatis, si.
Apolo-
a pro Ro-
ro Bacher
Anglo.

mùm: Apologeticò, òlim differuimus. Sed tantâ de hijs mihi
conftant Myfteria, quæ folidiffima habent (tum iftius Artis
Grammaticæ : tum earum quæ eiufdem eruantur auxilio
Myfteriorum) in Sacrofanctis DEI OMNIPOTEN-
TIS Scripturis, iacta Fundamenta; quanta nec Libro explicare magno queam; nec Locus ifte, iam, requirere videtur. Neq; mireris, O Romanorum Rex Inclyte; Me, Al-
phabetariam Literaturam, magna côtinere Myfteria, nunc
obiter referre: (cùm IPSE, qui omnium Myfteriorum Au-
thor eft SOLVS, ad Primam & Vltimam, SEIPSVM
Comparauit Literam. (Quod non in Græca folum effe in-
telligendum Lingua: fed tum in Hebræa, tum in Latina,
varijs, ex Arte ifta, demonftrari poteft vijs.) O, Quantâ,
tùm, debeant effe, Intermediarum Myfteria? Et non eft
mirum, hoc, in literis fic conftare: Cum & Vifibilia & IN-
VISIBILIA omnia: Manifefta, & Occultiffima (Natura vel Arte) ab ipfo Deo emanantia, ad eius BONITA-
TEM, SAPIENTIAM & POTENTIAM, prædi-
candam, celebrandamque; à nobis, diligentiffima Indagine
funt perluftranda. Inde, excufatione omni carere, HV-

Ad Rom.
ap. I.

MANVM GENVS, docebat Paulus : Etiam fi, nullum
aliud de hijs haberet Scriptum Monimentum; Quam, quod
ex CREATIONE, ipfo Digito DEI, in omnibus eft ex-
aratum Creaturis. At, hoc nunc non ago, Curiofius, vt ifta
ab omnibus requirere velim Grammaticis: Sed Ipfos, Qui
Rerum abdita eruère Myfteria Laborant: cùm, Teftes facere, nos, RARVM quoddam in hoc Genere, (ex noftra
MONA-

MÒNADE;) *demonstraſſe Exemplum : tum , Amicè ad-*
monere; Primas, Myſticasʹque, Hebræorǔ, Græcorum, &
Latinorum literas: à Deo ſolo profeſtas, & Mortalibus
Traditas. (Quicquid humana iaſtare ſolet Arrogantia)
Earumʹque omnium Figuras, ex Punſtis, Reſtis Lineis
& Circulorum peripherijs, (mirabili, Sapientiſſimoʹque
diſpoſitis Artificio)prodijſſe. Et, licet, omnem Moſaicæ
Legis ſenſum , vſque ad Jodim & Apicum Jmpletionem
omnium, conſiderandum eſſe , nos docuit æterna Cæleſtis Matth. cap.
noſtri Patris Sapientia: quaſi in IOD & Chireck (ex 5. c.
quibus omnes Hebræorǔ Literæ, Vocalesʹque conſurgunt)
vltima Cöſiderationis Legalis, faſta Analyſi: Nobis tamen
non eſt id Contrarium , VNITATE APICIS CHI-
RECK, IMMOTA MANENTE: TRINITATEM
MONADVM CONSVBSTANTIALIVM, IN
VNITATE IPSIVS IOD, CONSPICVAM,
Ampleſtentibus : Ex RECTA DESCENDENTE
LINEA VNA, ET DIVERSIS PERIPHERIÆ
PARTIBVS DVABVS, CONFORMATAM. *Vn-*
de ſatis enucleatè, eodem labore detegimus: Primos Homi-
nes, tam Stupendam Hebraicarum Literarum & Nekù-
doth Fabricam, ex tam Myſticis condere Principijs, ſine
Præſentiſſimo Diuini Numinis Afflatu, nö Potuiſſe. Quæ,
etiamſi, Minima eorum ſunt, quæ Vulgarium Grammati-
corum ponderentur Iudicijs: Dum tamen, quo ſeſe ad om-
nem Literarum & Nekudoth Generationem, & quàm
mirabili accommodent Artificio, aptè à Sapientibus conſi-
B *derantur,*

siderantur, Maxima, perpluráque (absolutißima Ana-
gogia) illos edocent Mysteria. Sed dimißis, hoc modo,
Literarum istis, & Linguæ Philosophis, MATHE-
MATICOS meos, Raritatis istius nostri Muneris, ad-
2. ducam sincerißimos Testes. ARITHMETICVS, (non
dico, LOGISTA) an non mirabitur, Numeros suos, quos 1.
à rebus Corporatis Abstractos, & sensibilibus omnibus
liberos, in Dianæas recondebat recessibus, ibíque, Mentis
varijs tractabat Actionibus: Eosdem, hîc, in nostro Opere,
tanquam Concretos & Corporeos ostendi, fieríque: & eorundem Animas, Formalésque vitas, ab eis, in nostros se-
cerni vsus? An non maximè mirabitur, Tantum videre 2.
MONADIS Fœtum: cui nec vlla Monas Alia, vel Nu-
merus, additione accedit: Nec extrinsecè ad ipsam Mul-
tiplicandam adhiberi potest? An non admiratione affi- 3.
cietur maxima, in Rei & Census Subtilißima Generalíque
Regula: VNIVS REI, tanquam Chaos, proposita, (ad
omne dissoluendum Arithmeticii Dubium, habilis) CEN-
SVM ipsum, & Valorem, siue Æstimationem (Potentiæ
in ipsa RE Latentis) Hîc, Primo semper Examine, DE-
NARIO explicari Numero? Accuratis Diuisionis & Æ-
quationis operibus (vel vt illa Ars præscribit) mediātibus
3. prius? GEOMETRA (mi Rex) sibi de Artis suæ vix
satis plenè côstare Principijs (quod valde mirū est) incipiet
hæsitare: cùm, hîc, in Secreto, murmurari, Innuíque intel-
liget: QVADRATO, CIRCVLARE, omnino Æqua-
le, huius MONADIS Hieroglyphicæ Mysterio dari.

                                                    Archime-

Archimedisque dictos S V D O R E S, *hîc, excellentißimo cõ-*
pensari posse Fructu: licet tentatum haud fuerit ipse asse-
cutus Problema. In Magnis Voluisse Sat est. M V-
S I C V S, *quo stupore Ille poßit iure affici meritißimo: cùm* 4.
sine Motu & Sono, Inexplicabiles, Cælestesque hîc Intel-
liget H A R M O N I A S? *Et* A S T R O N O M V S, *an non* 5.
perpeßi sub Dio Algoris, vigiliarum & laborum pœnite-
bit se maximè, Cum, hîc, sine Aëris vlla perferëda Iniuria:
Sub tecto, Clausis vndiq̃, fenestris Ostijsque, ad quodcun-
que datum Tempus, Cælestium Corporum Periphoras, ocu-
lis exactißimè queat obseruare? Et hoc quidem, sine Me-
chanicis vllis, ex Ligno vel Orichalco confectis Instrumen-
tis? Et P E R S P E C T I V V S, *sui Ingenij Stupidita-* 6.
tem condemnabit: Qui, vt iuxta Parabolicæ Coni Sectio-
nis Lineam (aptè in gyrum circumactam) Speculum effi-
ceret, modis laborarit omnibus: quò propositam quamcun-
que (igni obnoxiam) Materiam, incredibili ex Radijs So-
laribus vexaret Calore: Cùm, hîc, ex Tetrahedri Sectione
Trigonica, Linea exhibeatur, ex cuius Forma Circulata,
fieri potest Speculum, Quod, (vel Nubibus Soli subdu-
ctis) quoscunque Lapides, Vel Metallũ quodcũque in Im-
palpabiles quasi, vi Caloris (verißimè maxima) redigere
potest Pulueres. Et, qui P O N D E R V M *subtili Spe-* 7.
culationi toto vitæ Tempore insudarit: Quàm bene, suos
ille collocatos esse Labores, sumptusque iudicabit: Cũ, hîc,
Elementum Terræ supra Aquam natare posse, certißima
Experientia, M O N A D I S *nostræ docebit Magisterium?*

B 2 *Haud*

8. *Haud secus, Qui Rationes* PLENI & VACVI *(argumentum usque ab ipsis Philosophiæ Incunabulis controuersum) diligentißimè ventilarunt: Viderúntque, ea Lege, & Naturæ (quasi Indißolubili) vinculo, (à Deo Opt. Max.) coördinatas, cönexas, & Copulatas Elementorum proximorum esse Superficies: Vt in Igne, Aëre & Aqua, sursum deorsum; Horsum Illorsum, (ex eorum animi sententia) ducendis impellendísue, hominibus Miranda confidentißimè ostendere possint (Varijs & illi quidem Inuentis Reip. sunt utiles: Vt Hydraulicorum totum Artificium monstrat, & reliqua Heronis Thaumopœetica; ,, vt nunc placet illa nominare.) At, quod Terræ Elemen- ,, tum, Sursum, in Ignem, per Aquam, ulla Machina ex- ,, antlare poßit: Nullus ex illa Profeßione, sibi vendicabit. ,, Nostræ tamen* MONADIS *Theoriæ, fieri id posse, demon- strant. O Sapientißime Rex, Ista in Mentis vestræ, Memoriǽque reponatis Thesauris Secretißimis. Ad* CA-

9. BALISTAM *iam venio Hebræum: Qui, vbi suă (sic dictam) Gemetriam, Notariacon, & Tzyruph (Artis suæ tres quasi præcipuas Claues) extra Sanctæ, Nuncupatæ, Linguæ exerceri fines videbit: Immò vndiquáqũe (ex obuijs quibúsque, visibilibus & Inuisibilibus) huius, (à Deo) Receptæ Traditionis Mysticæ Notas, Characterésque corrogari; Vel, hanc quoque Artem, tum, vocabit* SANCTAM: *(veritate coactus, si Intelligat) Vel, non Iudæorum, tantum, Sed omnium Gentium, Nationum & Linguarum, sine* ἀπροσωπολημψία, *Eundem esse* DEVM *Beneuolentißi-*

neuolentißimum fatebitur : Nullumǿque Mortalem fe Ex-
cufare poße, de Sanctæ huius nostræ Linguæ Imperitia.
Quam, in nostris ad Parisienses Aphorifmis, R E A L E M
nominaui C A B A L A M *, fiue* Τȣ̂ ὄντος *: Vt illam vulgarem*
alteram, Cabalisticam nomino G R A M M A T I C A M *fiue*
Τȣ̂ λεγομένȣ, *quæ, notißimis Literis, ab Homine Scriptibili-*
bus, infiflit. Hæc autë, quæ Creationis nobis est Nata Le-
ge, (vt Paulus innuit) R E A L I S C A B A L A, G R A M -
M A T I C A *quoque quædam Diuinior est : cùm Artium*
ista fit Inuentrix Nouarum, & Abstrufißimarum fide-
lißima Explicatrix : Vt hoc nostro alij tentare Exemplo,
de ceterò, poßint. Non exhorrefces, bene fcio, (O R E X*)*
Licet iam, in vestra Regia Præfentia, M A G I C A M *hanc* 10.
proponere audeam Parabolam. Terrestre quoddam Cor-
pus, M O N A S *hæc nostra Hieroglyphica, in Centro Cen-*
tri, Latens, poßidet : Quod, Qua fit A C T V A N D V M
diuina Potëtia, fine Verbis, Ipfa docet: Cui iam A C T V A -
T O, *Lunaris & Solaris est (Matrimonio perpetuo)*
C O P V L A N D A, *Influentia Gonetica: Licet, ante, in Cæ-*
lo vel alibi, fuëre ab E O D E M *Corpore* S E P A R A T I S -
S I M Æ. *Hac (Dei Nutu) facta Gamaæa, (Quam, Pari-*
fienfibus, fum Τȣ̂ς γαμȣ̂ς ἄιαν *interprætatus : id est, Matri-*
monij Terram : fiue Influentialis (oniugij, Terrestre Signŭ)
Super fuam Natiuam Terram, Eadem, vlterius Nutriri
non potest, vel Irrigari, quàm ad Q V A R T A M *magnam*
vereǿque Metaphyficam Reuolutionem Completam. Quo
finito Progreßu: Qui aluit, in M E T A M O R P H O S I M,

Primus Ipſe abibit: Rariſſiméque, pòſt, Mortalium con-
ſpicietur oculis. Hæc, O Rex Optime, Vera eſt, toties de-
cantata (& ſine Scelere) MAGORVM INVISIBI-
LITAS: Quæ (vt Poſteri omnes fatebuntur Magi) no-
ſtræ eſt MONADIS conceſſa Theorijs.   Expertiſſimus

11. *MEDICVS, etiam ex eiſdem, facillimè Hippocratis My-*
ſticam aſſequetur voluntatem. Sciet enim, QVID, CVI,
ADDENDVM ET AVFERENDVM ſit: vt, ipſam
Artem ſub maximo MONADIS noſtræ Compendio, &
MEDICINAM ipſam contineri, Lubens deinde fateri

12. *Velit.   BERYLLISTICVS, híc, in Lamina Chryſtal-*
lina, omnia quæ ſub cœlo LVNÆ, in Terra vel Aquis ver
ſantur, exactiſſimè videre poteſt: & in Carbunculo ſiue
Lapide, Aëream omnem & Igneam Regionem ex-

13. *plorabit. Et, ſi VOARCHADVMICO, noſtræ Hie-*
roglyphicæ MONADIS, Theoria vigeſima prima, ſatisfa-
ciat, Ipſiq́ue, VOARH BETH ADVMOTH, Specu-
landum miniſtret: Ad Indos vel Americos, non illi eſſe
Philoſophandi gratia, peregrinandum, fatebitur.

14. *   Deinque de ADEPTIVO genere (quicquid vel*
ARIOTON Ars ſubminiſtrare, vel polliceri poſſit; vel
viginti Annorum maximi Hermetis labores ſunt aſſecuti)
licet ad Pariſienſes, ſua MONADE peculiari (Anagogi-
ca Apodixi illuſtratum) aliás ſcripſerimus: Veſtræ tamen
Maieſtati Regiæ conſtanter aſſerimus, ID OMNE, Analo-
gico noſtræ MONADIS Hieroglyphicæ Opere, ita ad viuũ
exprimi, vt Similius aliud Exemplum, humano generi non
poſſet

,, *poßet proponi. Quod, in seipsum, dupliciter, traducere de-*
,, *bet: Ipsum, Scilicet, Dignificatum Glutire Opus: & Ope-*
,, *ris Imitari Dignificationem.*

Nunc, Satis à me, (Imò vereor, si hæc hominum audi-
ret Vulgus, ne plus satis;) de Raritate nostri huiusce Mu-
neris Theoretici, esse dictum, (Triplicis Inclyte Diadema-
tis Honore) Concedas Rex O Maximiliane : Eisdemq́ue
limitibus, eiusdem definiri Bonitatem. Satis ergo sit, (Re-
gum omnium Decus singulare) hoc nostrum Munus, Dum,
tam esse Rarum demonstrauerimus diligentius, Neminem
tamen (licet Inuidæ Linguæ Petulantia Maledicentißi-
mum quidem) Auem esse Æsopicam mußitare poße. Tan-
tum profectò abeße, vt iustè, illius Indignitatem ferat Ca-
lumnia; Modestißimi omnes Sapientißimíque fatebuntur
Philosophi: quòd non dedignabuntur Illi quidĕ, vnà mecŭ,
Laudes & Honorem illi Phænici accinere, ex cuius Solius
Misericordiæ Alis, Rarißimas istas omnes cum Timore &
Amore extraxerimus Theoreticas Plumas: cōtra nostram
per Adamum introductam Nuditatem: Vt eisdem, Igno-
rantiæ asperrimis quibusdam frigoribus, multò resistere-
mus alacriores: & Errorum Turpitudinem, à Philoso-
phantium tegeremus oculis; Honestæ VERITATIS stu-
diosißimi. Et quamuis Auctoritate aliqua humana, nullo
modo, hìc sumus freti; Sicubi tamen, Antiquißimi alicuius
Philosophi, opportunè poterat nostro illustrari Lumi-
ne, aliquod notabile dictum vel Scriptum; ibi; illud ami-
cè nostris exhibere Posteris, non recusauimus· Veluti in
Hermetis,

Hermetis, Oſtanis, Pythagoræ, Democriti, & Anaxagoræ quibuſdam Myſterijs : Jn quæ, ex noſtris Hieroglyphicis deſcendimus Demonſtrationibus, non tanquam ab illis, fidem emendicantes in iſtis. Et iſtam tantam Raritætem, ita, vbíque coniuncta Comitatur Bonitas: vt Nihil,
vel apertè vel tectè, in hoc libello à nobis eſſe poſitum,
PROTESTEMVR, quod nõ Idem Honeſtum, ſincerum,
Dignitati Humanæ aptum ſit: Pietatis perfectiſſimæ, Religionisḗque veræ ſtudio Vtiliſſimum. Et vt OΡΘΟΤΟ
ΜΕΙΝ certè, in tam arduis Myſterijs non poteſt, niſi Ille,
Qui, eorum perſpectiſſimam habet omnẽ Amplitudinem:
Sic Nemo citius Infantiam ſuam, Malitiam, vel Arrogantiam proderet, quàm Ille, Qui, quicquam eorum quæ
hîc Veſtræ Sapientiæ Commendauimus, vel tanquam
Impium Condemnare, vel tanquam friuolum Reijcere auderet. Cuius rei, cùm nullum, vel Iudicio Acutiorem,
vel Vſu Expertiorem: vel Auctoritate Potentiorem : vel
Sinceritate Fideliorem, adducere quis poſſit Teſtem, quàm
Summus Ille Regũ Rex Omnipotens, Regem fecerit MA
XIMILIANVM: Erit ergo mihi Veſtra Auguſta Maie
ſtas inſtar aliorum Omnium: Cui, hæc noſtra, Probata eſ
ſè, haberíque Rata, non ſolum, Triobolarium multorum
obthurabit ora Grãmaticaſtrorum : Sed etiam multorum
Philoſophantium eriget animos : vel humi, iam, propter
tantorum Myſteriorum proclamatam Incertitudinem, Iacentes: Vel, propter Rerum Raritatem, Jmperitorum Superba timentes Iudicia : Qui Bona cum Malis (temerè,
promiſcue-

promiscúeque, ex nominis sola Similitudine,) condemnare
solent Studia. Cum maximè deplorando (interdum) Opti-
morum librorum interitu. Quorum vtrumque, Reipub.
Christianæ, plurimum, varijs temporibus, attulisse detri-
menti, clarißimè constare potest. Apto nimirum ad tam
magna tractanda Capessendaque Ingenio, vel priori ratione perterrefacto: vel iam, quidem, cùm Progressus haud
mediocres fecerit, Rusticè ciusdem & Superbè, ab Impe-
ritis Iudicibus, vniuerso tam nobili tamque diuino Mysteriorum condemnato studio. At alterius est loci, singulis
Scientijs Honestis, suas comparare æmulas: falsas illas quidem, Vmbratiles, Odiosas, Molestas, Hominumque So-
cietati Inutiles. Quas, Solas, & ea ratione qua vulgares
captant homines & exercent: non Vulgari solum, sed Sa-
pientißimi cuiusque Iudicio explodēdas, condēnandasque,
& fatemur, & ita diligentißimè fieri, nos quoque, sua-
demus. Sed, Qui, CORPORA illa, vel Esse nesciant, vel
Vbi, vel Qualia sint; QVORVM ista tenuißimæ sunt
Vmbræ: Quo modo, Illi, Hominum non Vulgarium, non
Vulgaria condemnare Studia, vel audent, vel saltem Iurè
possunt? FIAT IVSTITIA, Vnicuique, Quod Suum
est, sic, tribuatur, in istis. Vulgaribus Sciolis, Artium Ma-
gnarum Vmbras non sectantibus solum, sed easdem etiam
sceleratißimè emencientibus adulterantibusque: Nugas,
Errorem, omnemque adscribamus Impietatem: At in Bo-
nis Solidisque studijs Prouectioribus: & honestis mori-
bus tum confirmatis, tum sua integritate Clarißimis: Vel,

C   Vim

Vim (ob leuém Vulgi Calumniam) Inferre: Vel eórum in Odium vocare Nomen, studiáq;: vel in discrimē, Vitam: nõ solum inhumanum id mihi (O Rex) Sed Iniustum & quasi Impium, Videtur. Nam, vt Corporum quorumcuŋ́que, omnes vbicunque Vmbrœ, COMMVNES *cum ipsis Corporibus* TERMINOS *habet: (Quod Mathematicis est notissimum) Eodem modo, & hic, Phrases Loquendi, Scribendíque: Vmbris, Verisque ipsis Corporibus, Communes esse, Permittunt* SOPHI. *Vbi, Imperiti, Temerarij, & Præsumptuosi Simiœ,* VMBRAS *Captant solas, nudas, & Inanes: Dum Ipsi Sapientiores Philosophi,* CORPORVM *Solida fruantur Doctrina & fructu gratissimo.*

Luc. ca. 8. c. *Sicque verè, Illud, vsu uenire videmus: Vt Illis, Id quod habere se putabant, (vmbratile,) tanquàm non Solidum & Sincerum, ex manibus eripiatur, iustissimè: & Corpora tractantibus, Vmbrarum omnis sit concessa honesta legittimaque Comprehensio & Cognitio.* OPΘOTOMEIN *igitur oportet, (O Rex) inter* VMBRAM *&* CORPVS: *& vtriusque distinguere fines, vires, & vsus,* IVSTITIÆ. *Ille est Gladius, Regius, Imperatoriúsque: cuius, vt alia multa, ita, & hoc, est præstare Diuinum Munus. Et Arte profecto quadam, interdum, Ipsi Sophi,* VMBRATILES *figuras, intra ipsorum Corporum Sinuosos anfractus libenter admittunt: ne Asinis in Hesperidum Hortos, ruditer irruentibus, electissimæ præbeantur Lactucæ, cùm illis sufficiant Cardui. Ignosces mihi O Rex, Mundum, de Iniustitia (ex Christi Auctoritate) arguenti:*

Neque

Neque hæc, vllo modo, hoc loco, hijs Temporibus, Tuæ præ-
sertim cõmemorata Sapientiæ, Parerga censeri volo: immò
ne Superflua quidem. Atque hæc hactenus. Hunc ergo
meum MONADIS HIEROGLYPHICÆ Fœtum
(Conceptione quidẽ Londinensem, Natiuitate vero Ant-
werpiensem) Veſtræ Sereniſſimæ Maieſtati, humillimè Of-
fero: Obnixè à vobis contendens: vt eiusdem non Dedigne-
mini, nunc quidem, fieri Compater: pòſt verò, cùm erit &
ætate grandior, & fide sua Commendabilior, in veſtra semper vobis vt seruire poſſit præsentia. Pro veſtro, deinceps
Ego eundem haberi volo, O Clementiſſime REX: Qui, vt
mihi viſus es toto partus Tempore, Blandiſſimo Aſpectu,
ante oculos verſari meos: ita, ea ratione, facilem mihi expe-
ditumque huius in Lucem editionis, Laborem feciſti. Nam
quẽm Annos prius continuos Septem, Mente geſtaui mea,
eundem, incredibili veſtra ad tantum Interuallum, Virtute Magnetica, duodecim solum Dierum ſpatio, in hanc com-
munem Auram, placidiſſimè sum Enixus. Quod, Fœlix,
Fauſtùque eſſe, tum veſtræ Auguſtæ Celſitudini, tum ar-
dentiſſimis meis sinceriſſimæ veritatis ſtudijs, Concedat fla-
la Sacroſancta TRINITAS, Quæ (in MONADIS Ineſ-
fabilis, Omnipotentia, ante omnia Sæcula, fundata,) viuit
regnatque Sempiterna: Cui Soli, omnis Laus, Honor, Virtus & Gloria, ab omni semper exhibeatur, decanteturque
Creatura. AMEN.

a. Vt apparet
In Apho-
riſmis noſ-
tris Propæ-
deumaticis,
Impreſſis Lõ
dini, Anno
1558. ex
Aph.52.

Antwerpiæ.

Anno 1564. Januarij, 29.

TYPOGRAPHO,
GVLIELMO SILVIO:

Amico suo singulari;

IOANNES DEE LONDINENSIS,
S. D. P.

VIDES Amice mi, Optime Gulielme,
Quàm vnicè charas, Præclarissimas ha-
beam, Illustrissimi Regis MAXIMI-
LIANI Virtutes : Cui ex Cordis mei
Scrinijs, Rara, excellentissimáque communico Arcana: Eáque ratione, illi communicanda Curaui, vt
etiam Plures per Terrarum Orbem (tum in eius
Honorem, propter eximias suas, Regiásque virtutes: tum vt Alij ex illo Sibi exemplum capiant: qui
& Regijs Sapientissimè vacare Regnorum Guber-
naculis: & Philosophorum tamen, Sophorúmque
Stupenda cumulatè addiscere Mysteria potest) Plures, inquam, eisdem frui; Vestra Diligentia,& Fide
queant. Duo igitur sunt,quæ mihi es orandus maximè: Vnum, Vt vbíque accuratam meam, in Literarum Varietate, Punctis, Lineis, Diagrammati-
bus, Schematibus, Numeris, aliísque, Imiteris,
(quantum possis) Diligentiam : Ne, Idem Ipsum,
quod Ego(DEI NVTV) peperi ex omni parte bene Formatum Corpus;Typographiæ Negligentia,
vel Mutilum,vel Deforme prodeat in Lucem : indignum

dignum,fiquidé,Rege tanto; Indignum verè Phi-
lofophantium Studijs, & laboribus,quos in eo pe-
nitifsimè,fepifsiméque examinando,collocare volunt, Maximis. Cauere tamen fatis, de ifto, mihi
Videor, Infortunio, dum te elegi, Iftius nouiter
Nati Operis Parentem Typographicum : qui omnibus modis, nitidum,fuifque benè Compofitum
Membris,tua Curatura, emittere potes.

SECVNDVM, quod à te præftari Optarem,
haud eft leue;id quidem: Nimirum,Promifcuo vt
hominum generi,hofce,nullo modo,in manus des
Libellos. Non quòd illis ego hæc quidem, vel me-
liora,inuideam : Sed hoc inde oriturum mali Suf-
picans: Non folum, quod,ex ifto Labyrintho, Se,
Miferi,nunquam extricare poffunt:(Ingenium interea, Incredibilibus Angentes modis; pefsiméque
fuis profpicientes Rei familiaris negotijs) fed etiã,
quòd,Alijs quoq;,(illis inuium)vel, Ingredi fuade-
bunt Iter : vel de eiufdem , veluti illis explorata,
Certitudine,Sceleratifsimè ementientur;Impofto-
res, Hominúmque Laruæ:Vel Denique,talia DEI
MAGNALIA, Effe, Negare; Aut meam, rabidifsi-
mè accufare Sinceritatem audebunt : tunc tandem
Defperabundi; Vt,primò, hæc Myfteria, cum maxima Præfumptione aggrefsi funt Temerarij. At
in hoc tanti Momenti negotio, Si te benè à multis
iam annis noui (vel propter amicitiam noftram:

C 3   vel

vel Reip. Chriſtianæ Vtilitatem; vel ſaltem propter
Ipſius Sapientiſsimi MAXIMILIANI, Heroïcas
Virtutes, quæ nihil Commune cum Hominum
Vulgari habent Sorte) Cauebis, Spero, ne Fidem
tuam fruſtra requiſiuiſſe Videar. Cauebis tu
quidem: &, per te, Honeſtiſsimi omnes
Librorum Mercatores.
Valeas.

Ex Muſæo noſtro Antwerpienſi:
Anno 1 5 6 4. Januarij 30.

MONAS

MONAS HIEROGLYPHICA:

IOANNIS DEE, LONDINENSIS,

Mathematicè, Magicè, Cabalisticè, Anagogicéque,

explicata: Ad

SAPIENTISSIMVM,

ROMANORVM, BOHEMIAE, ET HVNGARIAE,

REGEM,

MAXIMILIANVM.

THEOREMA I.

Et Lineam rectam, Circulumque, Prima, Simplicissimaque fuit Rerum, tum, non existentiũ, tum in Naturæ latentium Inuolucris, in Lucem Productio, repræsentatioque.

THEOREMA II.

AT nec sine Recta, Circulus, nec sine Puncto, Recta artificiosè fieri potest. Puncti proinde, Monadisque ratione, Res, & esse cœperũt primò: Et quæ peripheria sunt assectæ, (quantæcũque fuerint) Centralis Puncti nullo modo carere possunt Ministerio.

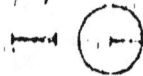

THEOREMA III.

MONADIS, Igitur, HIEROGLYPHICAE Conspicuũ Centrale Punctum, TERRAM refert; circa quam, tum SOL tum LVNA, reliquíque Planetæ suos conficiunt Cursus. Et in hoc munere, quia dignitatem SOL obtinet summam, Ipsum, (per excellentiam,) Circulo notamus Integro, Centroque Visibili.

MONAS
HIERO-
GLYPHI-
CA.

THEO:

THEOREMA IIII.

LVnæ Hemicyclium, licet hîc, Solari sit Circulo quasi Superius Priusqúe: Tamen S o l e m tanquam Dominum, Regemqúe suum observat: eiusdem Forma ac vicinitate adeo gaudere videtur, vt & illum in Semidiametri æmuletur Magnitudine, (Vulgaribus apparente hominibus,) & ad eundem, semper suum conuertat Lumen: S o l a r i-b v s' q v e ita tandem imbui Radijs appetat, vt in eundem quasi Transformata, toto disparcat Cælo: donec aliquot post Diebus, omnino hac qua depinximus, appareat corniculata figura.

THEOR. V.

ET Lunari certè Semicirculo ad Solare complementum perducto: Factum est Vespere & Mane Dies vnus. Sit ergo Primus, quo L v x est facta Philosophorum.

THEOR. VI.

SO l e m, L v n a m' q v e, Rectilineæ Cruci, inniti, hîc videmus. Quę, tum T e r n a r i v m, tum Q v a t e r n a-r i v m, appositè satis, ratione significare Hieroglyphica, potest. T e r n a r i v m quidem: ex duabus Rectis, & Communi vtrisqúe, quasi Copulatiuo Puncto. Q v a t e r n a r i v m vero: ex 4. Rectis, includentibus 4. Angulos rectos. Singulis, bis, (ad hoc) repetitis; (Sicqúe, ibidem, secretissimè, etiam O c t o n a r i v s, sese offert; quem, dubito an nostri Prædecessores, Magi, vnquam conspexerint: Notabisqúe maximè.) Primorũ Patrum, & Sophorum T e r-n a r i v s, Magicus, C o r p o r e, s p i r i t v, & a n i-m a, constabat. Vnde, Manifestum hîc Primariũ habemus S e p t e n a r i v m. Ex duabus nimirum Rectis, e t Communi Puncto: Deinde ex 4. Rectis, a b Vno Puncto, sese, Separantibus.

THEOR.

THEOR. VII.

ELementis, extra suas Sedes naturales, dimotis: Suos ad
ad easdem Reditus, naturaliter, per Rectas facere lineas,
Dislocatæ eorundem homogeneę Partes, experientem do-
cebunt: Absurdum igitur non erit, per 4. rectas, ab vnico
Puncto, Indiuiduoque in Contrarias excurrentes partes,
Qvatvor elementorvm, (in quæ Elementata,
singula, tandem resolui possunt) innuere Mysterium. Hoc
etiam notabis diligenter, Geometras docere, Lineam,
ex pvncti flvxv, produci: Nos híc simili ratione,
fieri monemus: Dum Elemětares nostræ Lineæ, ex Stil-
lae, (tanquam Puncti, Physici) continuo Casu, (quasi
flvxv) in Mechanica nostra producantur, Magia.

THEOR. VIII.

QVaternarii, præterea Expansio Cabalistica, secundum vsitatæ Numerationis Phrasim, (dum dici-
mus, Vnum, duo, tria, quatuor) Denarivm, summatim
exhibet. Vt & ipse Pythagoras dicere solebat: Nam 1. 2. 3.
& 4. decem conficiunt. Non temere ergo, Crvx Recti-
linea, (id est, Vigesima & Prima Romani Alphabeti litera)
ex 4. fieri rectis iudicata, ad Denarivm significandum,
ab Antiquissimis Latinis Philosophis est assumpta: Locus
etiam illi est ibidem definitus, Vbi Ternarivs; vini
suam per Septenarivm ducens, illum statuit.

THEOR. IX.

HOc autem nostræ Monadis, Soli, Lvnæ'qve,
optimè conuenire videbitur: cùm eorundem per 4. E-
lementorum Magiam, Exactissima in suas Lineas fuerit facta Separatio: Deindeque, per earundem Linearum Periphoras (Ad omnis enim datæ lineæ Magnitudi-
nem, licet Circulum describere: per Geometriæ leges) Circularis, in Complemento Solari, fuerit facta Con-

D   jvnctio.

IVNCTIO. Tunc enim latere non poteſt, quantùm noſtræ MONADIS, SOLI, LVNAQVE, Crucis DE-
NARIA inſeruiat Proportio.

THEOR. X.

DOdecatemorij Arietis, omnibus eſt notiſſima, quæ eſt in
Aſtronomorum vſu (quaſi Acioædes, Acuminataque)
figura   iſta: Vt & ab hoc cæli loco, Triplicitatis I-
gneæ,   notari Exordium conſtat: Ad ignis ergo mi-
niſterium (in huius Praxi MONADIS) requiri ſignifican-
dum, Arietis adiecimus Aſtronomicam notam. Sicque breuiter, noſtræ MONADIS, V-
nam abſoluimus Conſidera-
tionem Hieroglyphicam: quã
ſic volumus, vnico Contextu
Hieroglyphico proferri.

    LVNA.
    SOL.
    ELEMENTA.
    IGNIS.

MONADIS ISTIVS,
LVNA ET SOL, SVA SEPARARE VOLVNT E-
LEMENTA, IN QVIBVS DENARIA VIGEBIT
PROPORTIO; IDQVE IGNIS FIERI MINI-
STERIO.

THEOR. XI.

ARietis Nota Myſtica, ex duobus Semicirculis, in communi Puncto connexis, conſtituta: Aequinoctialis Ny-
cthemeræ loco aptiſſimè aſſignatur: Viginti enim & quatuor Horarum Tempus, Aequinoctij modo diſtributum,
Secretiſſimas noſtras denotat Proportiones. Noſtræ dico
reſpectu Terræ.

THEOR. XII.

ANtiquiſſimi Sapientes Magi, quinque Planetarum, nobis tradidêre Notas Hieroglyphicas: Compoſitas quidem omnes, ex LVNAE vel SOLIS Characteribus: cum
Elementorum aut Arietis Hieroglyphico Signo. Veluti
iſtas,

iſtas , quas hic vide-
tis figuratas . Quas
ſingulas modo Hie-
roglyphico , ex no-
ſtris prius iactis Fun
damentis , non erit

		Saturnus,		Mars.
		Iupiter.		Venus.
		Mercurius.		Mercurius.

explicare difficile. At primûm, de ijs quæ Lunæ habết Cha-
racterem, nos nunc Paraphraſticè agemus: de Solaribus deinde. L v n a r i s noſtra Natura, dum per Elementorum
ſcientiam, circa noſtram ſit ſemel reuoluta Terra, S a t v r-
n v s myſticè dicebatur. Et eadem de cauſa, I o v i s quoque habebat nomen: iſtamque retinebat figuram ſecretio-
rem. Et Lunam, tertia elementatam vice, obſcurius ſic
notabant. Quem, M e r c v r i v m vocare ſolent.
Qui, quam ſit L v n a r i s, videtis. Iſtum, q v a r t a
Reuolutione produci, licet Quidam velint Sophi : noſtro
Secreto propoſito tamen, non erit id Contrarium : Modò
Spiritus Puriſſimus Magicus, loco Lunæ, τῆς λευκάνσεος ad-
miniſtrabit Opus: & ſua virtute Spirituali, nobiſcum S o-
l v s, per Mediam quaſi Naturalem diem ſine verbis, Hieroglyphicè loquatur: in Puriſſimam Simpliciſſimamque, à
nobis præparatam Terram, Geogamicas, iſtas 4. introdu-
cens, i m p r i m i s q v e
figuras : vel illarum Iodo,
illam alteram

THEOR. XIII.

M a r t i s ergo Character Myſticus, an non ex S o l i s
& A r i e t i s, Hieroglyphicis, eſt conflatus? elementali (partim) interueniete Magiſterio? Et V e n e r i s, quæ-
ſo, an non ex S o l v s, & Elementorum Pleniore Explica-
tione? Iſti ergo Planetæ, S o l i a r e m reſpiciunt περιφοράν,
Opusque, Αναζωπυρήσεως : In cuius progreſſu ſit tandem
olli   D 2   Con-

Conſpicuus. ☿ Mercurius ille alter: Prioris quidē Vte-
rinus Frater. ☿ Lunari ſcilicet Solaríque Elementorum Cōplera ☿ Magia, vt expreſſiſſimè nobis ipſe Hieroglyphica loquitur Nuncius, modò in illum oculos deſi-
gere, auremque illi præbere attentiorem velimus. Et, (N v-
т v D e i ,) iſte eſt Philoſophorum M е r c v r i v s ille
Celeberrimus, M i c r o c o ſ m v s, & A d a m. At Sole-
bant tamen Expertiſſimi Nōnnulli, huius loco graduque
S o l e m ipſum ponere. Quod, nos hac noſtra ætate non
poſſumus præſtare: niſi A n i m a m aliquam à C o r p o-
r e, arte Pyronomica Separatam, huic Operi Χρυσοκοράλ-
λῳ præficeremus. Quod & factu eſt difficile; & propter
Igneos, Sulphureosque quos ſecum adfert halitus, pericu-
loſiſſimum. Sed illa, certè, A n i m a, mira præſtare poterit.
Nimirum, tum ad L v n ae, Diſcum, (Vel M е r c v r i i
ſaltem) L v c i f е r v m; Immò & P y r o e n t a, Indiſ-
ſolubilibus Ligare vin-
culis, Tum Tertio (vt
volunt) loco, (ad S е-
p t e n a r i v m noſtrū
Complēdum Nume-
rum,) S o l e m nobis
iſtum exhibere P h i-
l o ſ o p h o r v m. Iſto-
rum duorum Theore-
matum A r c a n i s,
ſignificandis; Videte,
quàm exactè, quàm a-
pertè, noſtræ M o n a-
DIS H i e r o g l y p h i c ae, reſpōdeat A n a t o m i a iſta.

TOTIVS
ASTRO-
NOMIAE
INFERIO-
RIS, ANA-
TOMIA
MONADI-
CA, PRIN-
CIPALIS.

THEOR. XIIII.

EX S o l e & L v n a, totum hoc pendère Magiſterium
iam clarè confirmatum eſt. Huius, etiam Termaximus
ille

ille Hermes, nos olim admonuit: Eius Patrem, S o l e m, esse, asserens: L v n a m autem, Matrem : Nutriri vero Scimus in T e r r a l e m n i a. Radijs nimirum L v n a r i bvs & S o l a r i b v s, Singularem circa Eandem, exercentibus I n f l v e n t i a m.

THEOR. XV.

SOLis proinde L v n a r'q v e circa Terram Labores, Philosophis proponimus Considerandos. Huius quidem, quo modo, dum in Ariete versatur S o l a r e Iubar; Ipsa tunc in Proximo (scilicet Tauri) Signo, Lucis nouam recipiat Dignitatem : E x a l t e t v r'q v e Supra Innatas sibi vires! Quam (prae alijs notabilem magis) L v m i n a r i v m, Vicinitatem, Charactere quodam mystico explicabant veteres: T a v r i, insignito Nomine. Quam, quidem, L v n a e esse E x a l t a t i o n e m, vsque ab ipsa prima Hominum aetate (inter Astronomorum Placita,) memoriae esse proditum, notissimum est. At Intelligunt Mysterium Illi soli, qui absoluti euasere Mysteriorum Antistites. Vt & simili ratione, V e n e r i s esse D o m v m, dixere T a v r v m : Casti nimirum Prolificique C o n i v g a l i s a m o r i s : Sic enim ἡ φύσις, τῇ φύσει τέρπεται : Vt Magnus ille O s t a n e s in Secretissimis suis Recondidit Mysterijs.

So l i s vero, qua ratione, Ipse, post Aliquas sui Luminis, adinissas Eclipses ; M a r t i v m Robur accipit : & in eiusdem quoque D o m o (Nostro scilicet Ariete) veluti in sua Triumphare dicitur E x a l t a t i o n e. Quae Secretissima Mysteria, nostra etiam M o n a s clarissimè, perfectissimeq; demonstrat: T a v r i quidem ista que hic est depicta Hieroglyphicâ figurâ: & illa M a r t i s : quâ 12. & 13. Theoremate adduximus: quae S o l e m Recta in A r i e t e m tendentem, indicat. Ex praesenti autem Theoria,

Taurus	♉	L v n a e e x a l t a t i o.
	♁	e l e m e n t a.
Aries	♈	s o l i s e x a l t a t i o.

D 3   Alia

Alia noſtræ M o n a d i s ſeſè offert Anatomia Cabaliſticæ:
cuius iſta eſt vera Artificioſaque explicatio. L v n æ , ſo-
l i s'q v e e x a l t a t i o n e s , m e d i a n t e e l e m e n-
t o r v m s c i e n t i a.

ANNOTATIO.

Duo hic maximopere notanda eſt: Cenſeo: vnū, quod Tauri Hierogly-
phica iſta figura, nobis Græcorum Dipthongum v, exactè repræſentet, Pri-
mæ Declinationis, Gignit iuam ſemper ſingularem Terminationem. Se-
cundò, ex apta Metatheſi Locali, dupliciter nobis A l p h a commonſtrat:
Circulo & Semicirculo Tangentibus ſolum, vel ſe mutuè (vt hic)ſecātibus.

THEOR. XVI.

IAm nobis de C r v c e, paucis, ad noſtrum propoſitum,
eſt Philoſophandum. C r v x noſtra , licet ex duabus
Rectis(vt diximus)& æqualibus illis, quidem , confecta ſit;
non ſe mutuo tamen in æquales diſſecant longitudines.
Sed tum æquales, tum inæquales partes, in Myſtica noſtræ
Crucis diſtributione, haberi voluimus. Innuentes, in
Binarum ita ſectarum poteſtate(eò quòd æqualis ſunt Ma-
gnitudinis)C r v c i s. quoque, Aequilateræ, virtutem latere. Generaliſsimè enim, C r v c e, ex æqualibus Rectis,
fieri iuſſa; æquali profecto. linearum Decuſſatione, eam
fieri debere, N a t v r a e quædam requirit I v s t i t i a,
Secundum cuius, Iuſtitiæ Normam, de Aequilatera C r v-
c e (qualis eſt latini Alphabeti litera vigeſima prima) hæc
quæ ſequuntur, perpendenda proponemus. C r v c i s,
,, Rectilineæ, Rectangulæ, & Aequilateræ , Si per commune
,, ſectionis punctum, & Contrapoſitos angulos, Recta vbi-
,, cunque tranſire concipiatur; Ex vtraque parte, ſic tranſeun-
,, tis Rectæ, Crucis factæ partes, ſunt omnino ſimiles & æ-
,, quales: Quarum figuræ, cædem ſunt, cum illa Latinorum
litera, quæ Vocalium eſſe Q v i n t a, recepta eſt, & ad
Q v i n a r i v m denotandum, apud Antiquiſsimos Latinorum Philoſophos vſitatiſsima erat; Idque haud abſurde
ab illis.

ab illis effe factum Cenfeo; cùm fit Denarij noftri, Confor-
mis Medietas. Ex illius ergo figuræ, Sic duplicatæ
(ex hac Hypothetica Crucis diuifione) prouenié-
tis, ea ratione, qua QVINARIVM vtræque repré
fentant (licet erecta altera, Altera autem hic fit euer
fa) Monemur, Radicum Quadratarum hic imitari Multiplicationem Quadratam : (quæ hic mirabiliter in NVME-
RVM CIRCVLAREM incidit, fcilicet QVINARIVM)
Vnde produci certò conftat, VIGINTI & QVINQVE:
(vt & ipfa litera, eft vigefima: & Vocalium Quinta.) Nunc
vero alium fitū ipfius CRVCIS: æquilateræ confiderabi-
mus: iftum nimirū: qui noftræ MONADICÆ
CRVCIS Situi eft fimilis : Similem autem hic
fieri Crucis Diuifionèm bipartitā (vt fupra) fup-
ponimus. Vnde alterius literæ; latini Alphabeti,
fe monftrat etiā geminata figura: erecta vna, euerfa, & auer-
fa, altera: Quæ (ex Latinorum vetuftifsima confuetudine) ad
QVINQVAGINTA repræfentandum, in vfu eft. Iftud,
inde mihi primò ftatutum vidétur : Eò quòd fit & Illa quidem QVINARII, Nota; ex noftro Crucis DENARIO,
effentialiter defumpta : at eo fitu Locatæ, quo, omnium
Myfteriorum Maximi, ipfa Crux, eft Confummatifsima,
Hieroglyphica Nota · Vnde DENARII Poteftatem, in
fua QVINARIA Virtute COMPLECTENS, QVIN-
QVAGENARIO, NVMERO tanquam fuo Partui, gra-
tulatur. O, MI DEVS, QVANTA HAEC MYSTE-
RIA? & Nomen illi, EL. Immò & hac ratione quoque,
ipfam Denariam Crucis virtutem refpicere vidétur ; quòd
Medio Loco, inter primam Alphabeti Literam, & ipfum
Crucis Denarium fit conftituta: & ab alterutra, ipfa fit,
ordine, Decima. Et cum in CRVCE, duas eiufmodi
integrales effe partes oftendimus (Numeralem nunc folùm
earundem vim Confiderantes) CENTENARIVM inde
excrefcere

excrefcere apertifsimum eft. At fi, ex Quadratorum Lege, Mutuam patiantur Multiplicationem, Bis Mille, Quin-
genta nobis reddent: Qui huius Q v̆adratvs, ad prioris Circularis Numeri Quadratum, comparatus: & eidem
Applicatus, etiam Centenarivm, denuo reftituet:
vt & ipfa Crvx, fecundum Sui Denarii Potentiam,
fe explicans, Centvrio effe agnofcetur: Et tamen cum
fit nifi Vnicus ipfe Crvcis Character: Vnum quoque
reprefentat: Hîc ergo (præter alia notatu dignifsima) ab iftis
Crvcis Theorijs, Numerare, & Progredi iã fumus edo-
cti ad hunc modum: Vnum, Decem, Centum. Denaria
fic nos Euchente Crvcis Proportione.

THEOR. XVII.

VT ex Sexto Theoremate liquére poteft, in Crvce noftra Qvatvor rectos confiderari, angulos: Quorum
vnicuíque, Qvinarii attribuere fignificationem, præce-
dens doceret Theorema: Vno quidem locatis modo: At alterum obtinétibus Situm, Idem Theorema, Qvinqva-
genarii Numeri, fieri Hieroglyphicas Notas admittit:
Ita, euidentifsimum eft, Crvcem, Denarivm notare
vulgariter: Tum in Latini Alphabeti ordine, literam effe
vigéfimam primam: (Vnde eft factum, quòd, Sophi, Mecu-
bales, dicti, viginti vnum, per eandem Significabant Literam:) Deniquè, & Simplicifsimè confiderari poffe: vt
Vna Nota, effe confpicitur; qualemcunque & quantam-
cunque aliam habet poteftatem. Ex quibus omnibus, opti-
ma Demonftratione Cabaliftica concludi poffe videmus:
Crvcem noftram, Myftis, Dvcenta, Qvinqvaginta bvo, mirabili Compendio Significare poffe.
Qvater enim Qvinqve; Qvater Qvinqvaginta; Decem: Viginti Vnvm; &
Vnvm: Dvcenta Qvinqvaginta Dvo ef-
ficiunt.

ficiunt. Quem Numerum, duabus adhuc alijs rationibus:
ex præmiſsis vt nos elicere poſſumus: ita Cabaliſticis Tyronibus, eundem commendamus eruēdum: breuitati ſic
Studentes: Eiuſdē tamen Magiſtralis Numeri, variam pro-
ductionem artificioſam, Philoſophorum dignam Iudican-
tes Conſideratione. Nec vos, aliam, hic, Myſtagogiam Ce-
labo, Memorabilem. C R V C E M noſtram in duas alias literas, ſe Diſtribui Paſſam, Videntes: Si, vt Numeralem earundem virtutem quodam modo perpendimus prius, ita
viciſsim nunc I L L A R V M V E R B A L E M V I M, C V M
I P S A C R V C E, C O N F E R E M V S, quòd inde Oriatur
L V X: V E R B V M, Finale & Magiſtrale (ex illa T E R N A-
R I I, in Vnitate Verbi, Conſpiratione & Conſenſu) cum
ſumma Admiratione, Intelligemus.

THEOR. XVIII.

EX duodecimo & decimotertio Theorematibus noſtris
colligi poteſt, Cæleſtem Aſtronomiam, I N F E R I O-
R I S eſſe quaſi Parē-
tem & Magiſtram.
Subleuatis ergo in
Cælum oculis Caba
liſticis (ex Prædicto-
rū Myſteriorū Theo
rica Illuminatis) talē
ad amuſsim noſtræ
M O N A D I S, con-
ſpiciemus A N A T O
M I A M: In N A T V-
R Æ L V M I N E, V I-
T Æ Q V E leſe ſic no-
bis ſemper oſtendē-
tem. Et ſuopte N V-
T V, Secretiſsima hu-
iuſce

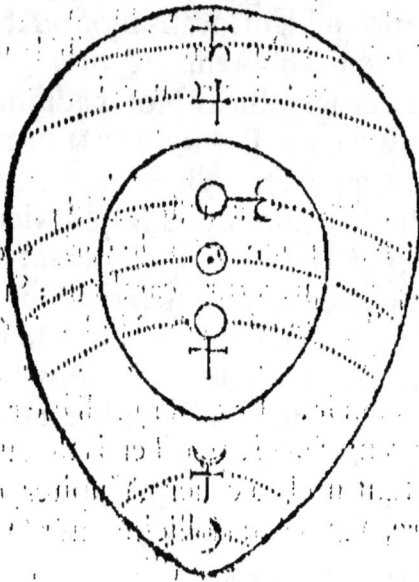

iufce Phyſicæ A N A L Y s e o s Myſteria, apertiſſimè dete-
gentem. O V I autem figuram, iſti C o o r d i n a t i o-
n r adhibere: Cœleſtis N v n c i i, dum Theoricos, Cœle-
ſteſ́que Geſtus, ſumus aliquando Contemplati, fuimus e-
docti. O v a l e m enim, Ipſum, in Aethere, ſuo Curſu Fi-
gurare Circuitionem, Aſtronomis eſt notiſſimum. Et, cùm
Dictum, Sapienti, Sat eſſe debeat: En noſtras huius Cœleſtis Conſilij Interpretationes (ſic Hieroglyphicè propoſi-
tas:) prædictis omnino Conſentaneas. H e n c Moniti,
diſcant Miſerrimi Alchimiſtæ, ſuos agnoſcere Errores va-
rios: Quæ ſit Albuminis O v o r v m a q v a: Q v o d e x
v i t e l l i s o l e v m, Quę O v o r v m c a l x: H i n c,
Imperitiſſimi illi Impoſtores, cum illorũ Deſperatione, In-
telligant : Aliaque his ſimilia, perplura. H i c P r o p o r-
t i o n a t v m a n a t v r a, f e r e t o t v m h a-
b e m v s. Hoc illud eſt O v v m a q v i l i n v m, Quod
S c a r a b e v s, olim diſrupit: Propter I n i v r i a m, quã
Timidis Brutiſ́q; Hominibus, Illius a v i s Violentia & Cru-
delitas intulit: Licet ad Scarabei Antrum (Auxilij Implo-
randi Gratia) aliquibus confugientibus, non inde tamen
liberatis: Sed ipſe ſolus Scarabeus, hanc ſibi vindicandam
I n i v r i a m, modis omnibus, exiſtimans: Vt erat alacri
animo, Conſtantique Voluntate paratus, ita, ad id præſtan-
dum, nec Viribus carebat, nec Ingenio: Vnde, varijs Cona-
tibus A q v i l a m dum perſequeretur Scarabeus : Subti-
liſſima F i m i Arte vſus, Illius tandem (vel in Iouis Gre-
mio depoſitũ) O v v m, in T e r r a m p r a e c i p i t a r i
adeoque D i s r v m p i effecit. Et eadem, aliáue ratione Aquilinam tandem totam Speciem, è Terris deleuiſſet
Scarabeus, niſi, (malum tantum Præcauens,) Iupiter, effe-
ciſſet: Quo Anni tempore, Aquilæ ſua ſollicitè curat O v a,
Nulli vt circumuolitent S c a r a b e i. Illis tamen Con-
ſulerem, qui iſtius A v i s vexantur Crudelitate, ab ipſis

Heliocan-

Heliocantharis (qui ita certis Temporum Curriculis lati-
tando viuût) Vtilifsimam artê difcere: Quibus,iam licet nõ
faciant ipfi,effet tamen longè gratifsimû, fuis I ɴ ᴅ ɪ ᴄ ɪ ɪ s
& Signis, de fuo Inimico, Vindictam fumi poffe.Et hic (O
Rex) non Aefopum conari me vt agam, Sed Oedipum, Pa-
terentur, fi adeffent, Illi, quorum Mentes, ita de Naturæ
Summis Fabulari Myfterijs, primò fubiuit. Effe profectò quofdam noui, qui S ᴄ ᴀ ʀ ᴀ ʙ ᴇ ɪ A ʀ ᴛ ɪ ꜰ ɪ ᴄ ɪ o,Si
haberent D ɪ s s o ʟ ᴠ́ ᴛ ᴠ ᴍ A ǫ ᴠ ɪ ʟ ɪ ɴ ᴠ ᴍ o ᴠ ᴠ ᴍ,
C ᴀ ʟ ᴄ ᴇ ᴍ eiufdem,cum Albumine puro,totoque T ᴇ ᴍ-
ᴘ ᴇ ʀ ᴀ ʀ ᴇ ɴ ᴛ primò. Deinde illud T ᴇ ᴍ ᴘ ᴇ ʀ ᴀ ᴍ ᴇ ɴ-
ᴛ ᴠ ᴍ, V ɪ ᴛ ᴇ ʟ ʟ ɪ liquore tótó,artificiofo ordine, obli-
nirent:voluendo,reuoluendoque: (Vt Scarabei fuas con-
glomerant Pilas.) Ita, magnæ fieret O ᴠ ɪ M ᴇ ᴛ ᴀ ᴍ ó ʀ-
ᴘ ʜ ᴏ s ɪ s:Iam fcili-
cet difparéte,&quafi
inuoluto A ʟ ʙ ᴠ ᴍ ɪ
ɴ ᴇ ipfo (illis multis,
veluti Helicis Reuo-
lutionibus factis) in
ipfo V ɪ ᴛ ᴇ ʟ ʟ ɪ ɴ ᴏ-
s ᴏ ʟ ɪ ǫ ᴠ ᴏ ʀ ᴇ. Cu-
ius Artificij,tale Hie-
roglyphicum fignû,
N ᴀ ᴛ ᴠ ʀ ᴀ ᴇ haud
difplicœbit Oecono-
mis. Sæculis priori-
bus, multùm, effe, à
grauifsimis,& Anti-
quifsimis celebratû

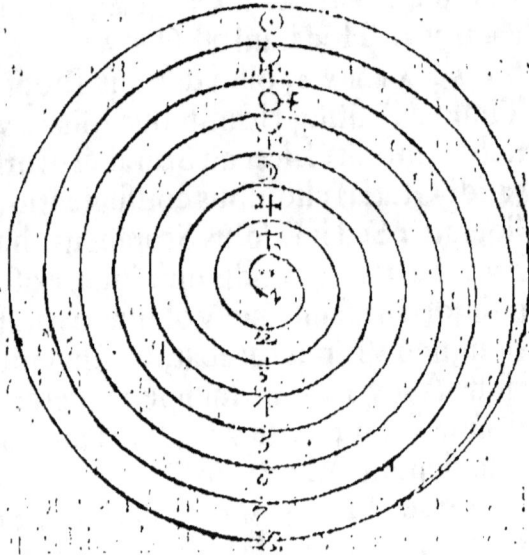

Philofophis, tale Artificium,legimus:certifsimum & vtilif-
fimum.Anaxagoras certè,ex hoc Magifterio,excellentifsi-
mam, Pòft,fecit Medicinam:vt in fuo περὶ τ ἐϰτροφῶν φυσι-
E 2 ϰῶν li.

κῶν libello videre licet. Nihil hîc esse extra nostræ MONA-
DIS virtutem Hieroglyphicam, qui animum istis Mysterijs
sincerius applicat, clarissimè perspiciet.

THEOR. XIX.

QVòd SOL & LVNA, omnibus cæteris Planetis, longè
fortius, in inferiora cuncta Elementata Corpora, suas
Corporales infundant Vires : Omnium rerum Corporata-
rū ANALYSIS PYRONOMICA, Effectu demonstrat:
LVNAE dum refundunt Aqueum Humorem: SOLIS-
Q VE Igneum Liquorem: quibus, Rerum Mortalium Sustē-
tatur CORPVLENTIA TERRESTRIS.

THEOR. XX.

LIcet satis bona ratione Hieroglyphica, supra, demonstrauimus, ELEMENTA, per Lineas Rectas significari: Hîc
tamen de CRVCIS nostræ PVNCTO quasi CENTRA-
LI, Exactissimam dabimus Speculationem. In TERNA-
RII nostri Consideratione, nullo modo, Illud Abesse potest: in eo nostri BINARII Situ. Si enim abesse posse,
Quis (Diuinæ Imperitus Matheseos) contenderet? Abesse
Supponat. Non erit ergo Reliquus, BINARIVS noster:
Sed emerget QVATERNARIVS:Puncti illius Ablatio-
ne, Discontinuata Linearum vnitate. At Binarium esse Re-
liquum, vnà nobiscum Supposuit Aduersarius noster. Erit
ergo & BINARIVS, idem, & QVATERNARIVS, ea-
dem consideratione. Quod, τῶν ἀδυνάτων esse, satis est
Manifestum. Adesse ergo ex omni Necessitate, debet illud
PVNCTVM, quod cum BINARIO, nostrum Cōstituat
TERNARIVM:nec Aliud quid eius loco SVBSTITVI
potest. Non tamen est de Hypostatica Proprietate, ipsius
BINARII:nec aliquo modo Pars. Quòd non sit Pars,
hinc demonstratur. Omnes Lineæ Partes, sunt Lineæ. At
illud esse PVNCTVM, hypothesis confirmat. Non ergo

BINA-

BINARII illius Pars aliqua: Vnde multo minus de Hypostatica Proprietate Binarij. Proinde NOTANDVM est maximè, quod & Propriam Habeat HYPOSTASIM: Et nihilò minus tamen, in ipsis nostri BINARII Longitudinibus LINEARIBVS, côtineatur. Et quia, Sic, VTRISQVE videtur esse COMMVNE; QVANDAM, & IPSVM, BINARII, SECRETAM RECIPERE IMAGINEM censeri. Vnde, QVATERNARIVM, Hìc, DEMONSTRAMVS, IN TERNARIO QVIESCENTEM. Tu, mi Deus, mihi ignoscas obsecro, Si erga tuam nunc Peccauerim Maiestatem, tàtum, in Publicis Scriptis, Reuelans, Mysterium. Sed Spero, quòd; Soli, qui sunt Digni illud verè Intelligent. Pergamus nunc ad nostræ CRVCIS, illum, quem assignauimus QVATERNARIVM. Vbi an Abesse illud PVNCTVM potest, quod IBI Representatur, perpendamus. Mathematica profectò nos docet remoueri posse. Nam non Solum, EO SEPARATO, RELIQVVS Est noster QVATERNARIVS: Sed cùm DISTINCTIOR longè, tum CLARIOR in omnium oculis erit FACTVS. NVLLA SVAE SVBSTANTIALIS PROPORTIONIS RECEDENTE PARTE: SED SVPERFLVO, ET CONFVSIONIS PVNCTO, SIC DAMNATO, REIECTO'QVE. O Omnipotens Diuina Maiestas, QVANTAM TVIS APICIBVS, ET IOTIS, IN TVA DESCRIPTIS, DISPOSITIS'QVE LEGE INESSE SAPIENTIAM, ET INEFFABILIVM MYSTERIORVM INFINITATEM, CONFITERI COGIMVR MORTALES! SI MAXIMA TERRENA SECRETA ET ARCANA, VNIVS ISTIVS PVNCTI, A ME, (AT IN TVO LVMINE) LOCATI ET EXAMINATI, INDICIO VARIO, EXPLICARI ET FIDELISSIME DEMONSTRARI QVEANT? PVNCTI videlicet, in TERNA-

E 3 RIO.

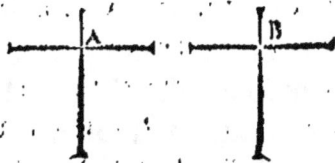

RIO diuino, nullo modo SVPERFLVITAT PVNCTE
in QVATVOR ELEMENTORVM REGNO, confide-
rati, FAECVLENTI quidem, CORRVPTIBILIS,
TENEBRICOSI. O Terque, Quaterque Beatos Illos,
qui illud TERNARII, (quafi COPVLATIVVM) ADI-
PISCI poffunt PVNCTVM: & illud QVATERNA-
RII, TETRVM & SVPERFLVVM, AMANDARE Te-
,, nebrarumq; Relinquere Principi. Sic, ad CLARITATIS
,, NIVEAE, & ALBARVM VESTIVM Ornamenta per-
,, ueniemus, O MAXIMILIANE: Quem, Deus, (ista
Myftagogia, aut Auftriacæ Familiæ aliquem) Maximum, aliquando faciat (vel me quidem in Christo Dormiente) ad
fui Tremendi Nominis Honorem: in iftis, Iftis, (Puncti in
TERRIS, SVPERFLVI,) abominandis Tenebris, & vlterius, intollerabilibus. Sed ne Ipfe iam Superflua. (non
apto fcilicet loco) profundam verba, intra Propofiti mei
Cancellos, actûtum, nunc me recipiam. Et, quia, illis Ser-
monem iam abfoluerim, quorum Oculi in eorum Sedent
Corde: Nunc mihi ad illos côuertenda Oratio eft, quorum
Corda in eorû adhuc promineant oculis. Quæ hoc loco diximus, En CRVCIS adfcripta figura, aliquo modo reprefen
tare poteft. Primùm, de PVNCTO, in Binis Aequalibus LI-
NEIS, (æqualiter & inæqualiter decuffatis) NECESSARIO:
Veluti hîc, ad A. Deinde, ad B (quafi quandam Puncti fu-
perflui ablati, Vacuitatem) diftin-
ctas videtis, QVATVOR rectas
Lineas: à PVNCTO, prius illis cô-
muni, SEPARATAS: Illis, inde,
nullo euenicnte fui detrimento.
,, Ifta eft via, per quam Noftra MONAS, per Binarium, TER-
,, NARIVMQVE progrediens, in QVATERNARIO Pu-
,, rificato, SIBI Vni reftituatur, per Aequalitatis Proportio-
,, nem. (Quodque enim Totum, fuis omnibus partibus eft
Aequale.)

Aequale.) Hocque dum fiat, nihil interea Externarum ad- «
mittit, Noſtra M o n a s, Vnitatum: Numerorúmue: Cùm «
ipſa ſibi exactiſſimè Sufficiat: Suis abſolutiſſima Numeris «
omnibus. In quorum Amplitudinem, tum Magicis dif- «
funditur modis: tum non vulgari, pòſt, Artificis Induſtria; «
& maximo Ipſius Monadis Emolumento, (in Dignitate & «
Potentia) ad ſuam Primam Propriamáque Reſtituitur M a- «
t e r i a m: interim, quæ ad genuïnam hereditariamáque «
ſuam non Spectant Proportiohem, omni modo & diligen- «
tia, reſectis, reiectisque in æternum Fœcibus. «

THEOR. XXI.

SI, Quod in noſtræ m o n a d i s Receſſibus, Interius Late-
bat Inuolutum, eſſet id quidem in Lucem erutum, cõmu
tatisque vicibus, eiuſdem Partes Primæ, quaſíque Exterio-
res, Loco Includerentur Medio, Qualis inde ſieret M o-
n a d i s Philoſophica Transformatio, Superius Vidiſtis:
Nunc verò, Myſticæ M o n a d i s, aliam vobis proponemus Localem Commutationẽ: Partibus illis, vnde S v p e-
r i o r v m p l a n e t a r v m, Characteres noſtri Hieroglyphici,
ſeſe nobis óbtulere prius, Surſum hîc erectis: eaq; rationẽ
reliquis quidẽ deinceps Planetis, cum ſingulis Sortientibus
Sitũ, quẽ illis Plato adſcribere ferè viſus eſt:
Si ritè ex Poſitione iſta deſumantur. In ipſo
enim Acumine Arietinó, Conueniunt Satur-
nus, Iupiter, Mars: deinde deſcẽdendo, Crux
V'eneri Mercurioq; inſeruit. Sequuntur tandem ipſe Sol, & Infima, L v n a. Sed hæc alio
ſunt ventilanda loco: Noſtræ tamen m o n a-
d i s hoſce nolui celare. Theſauros Philoſo-
phicos: Sícque vnam rationem dare, cur ita Monadis mu-
tari Sitũm, conſultum duximus. Sed, alia, quæ in rem veſtram eſſe ſcio, Videte, Auditéque, de hoc Situ, maiora:
paucisque explicanda. Diſtribuamus igitur M o n a d e m;

(hoc

(hoc nouo modo Locatam)in Ana-
tomica Membra B.D.C. Vbi,in illo
nouo TERNARIO; ipſius D,& C,
vel Ruſticis quidem, ſunt notæ FI-
GVRÆ.At ille TERTIVS,qui per
B deſignatur,non tam facilè à Cun-
ctis cognoſci poteſt. Nec illud quidem leuiter eſt conſiderandum; illas
1. tam notas FORMAS, D, & C; ſepa-
ratas diuerſasque ab illo B, oſtendere ESSENTIAS: Se-
2. cundò,quòd iſtius C, cornua, deorſum, quaſi TERRAM
verſus conuerti côſpiciantur:Et, D illius,ea pars quæ ipſam
3. C, illuminat:verſus terram,deorſum Scilicet,reſpicit:in cuius ſolius Centro,eſt Viſibile PVNCTVM:verè TERRE-
4. STRE.Et Quòd vtraque Denique D & C,ad Inferiora magis loca, hîc ſuum Hieroglyphicum faciût Indicium,quàm
B. Terra autem, Hieroglyphicè, STABILITATEM, &
FIXIONEM notare nobis poteſt. Qualia ergo ſint D,&
C, inde, concludendum relinquo. Vnde etiam Magnum
nunc notare SECRETVM, Quiſq; poteſt:de Priore SO-
LE & LVNA,quæ diximus,quo modo hinc Interpretatio-
nem pleniorem, & maximè neceſſariam, recipere poſſunt:
Illis quidem,vſque in hunc locum, ſurſum poſitis : Lunari-
buſque Cornibus ſurſum eleuatis. Sed de hoc Satis. TER-
TII nunc illius,Iuxta noſtræ Hieroglyphicæ Artis Fundamenta examinemus NATVRAM.Primò, in Capite geſtare
videtur LVNAM DVPLICEM.Vel Arietem,noſtrû,(ſed
inuerſum Myſticè.) Deinde Elemêtorum habet annexum
Hieroglyphicum Signum. Quantùm ad LVNAM Du-
plicatam attinet: Sic(iuxta Materiam ſubiectam) explicari
poteſt:DVPLEX LVNÆ GRADV.De gradibus lo-
quimur illis, quales Phyſices Periti, QVATVOR tantùm
inter omnes poſſint inuenire Creatas NATVRAS: Nimirum.

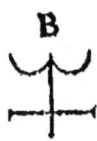

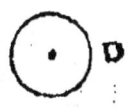

SOL)

rum ESSE, VIVERE, SENTIRE, & INTELLIGE-
RE. Primos ergò Duos istorum Gradus, huic inesse anno-
tantes:Sic dicemus:LVNA EXISTENS, VIVA.Vitã verò Quidam per Motum definiunt. MOTVS autem Sex
sunt notissimæ Species. CRVX certè quæ adiūcta est:Ele-
mentorum hic requiri Notat Artificium. Præterea, in
istis nostris Theorijs,vt SEMICIRCVLVM, LVNAE esse Hieroglyphicum sæpissimè tradidimus: Ita & Integrum
Circulum, SOLEM significare: hîc autem, duo sunt Semicirculi; Sed SEPARATI (ad commune PVNCTVM
Copulati tamen)qui,si aptè coniungantur (vt arte possunt
quidem) SOLAREM nobis Circularemque referre possunt Plenitudinem.Ex istis simul consideratis, sic Summatim, Hieroglyphicè, nos hanc proferre posse Sententiam
patet. LVNA EXISTENS VIVA, PER ELEMEN-
TORVM TRACTANDA MAGISTERIVM! HABENS
POTENTIAM, VT SOLAREM REPRESENTET
PLENITVDINEM, SVIS SIMVL ARTE CONNE-
XIS SEMICIRCVLIS. Compleatur ergo: Fiatq; ille,
(quem diximus) CIRCVLVS: vt, per E literam, hîc an-
notauimus.Memores ergo simus,primò hunc SOLAREM
GRADVM, non Natura nobis fuisse obuium,sed ARTI-
FICIALEM, PACTITIVM'Q VE iam esse:Et eum quidem,nobis se obtulisse primo aspectu; & Natura sua, (videlicet in B) suis Partibus Laxis,Fluxis, dissolutis; non SO-
LIDE in solarem Speciem Compactis.Deinde horum Se-
micirculorum Semidiametrum, non esse æqualem Semi-
diametro D & C (nobis ita natorum, & omnibus Notissi-
morum) sed Minorem multo. Vnde Clarum est : non esse
tantæ Amplitudinis,istum B, quantæ sunt ipsa D,C.Et hoc
bene nobis confirmat E ipsum: opere isto Circulari, à B, in
Speciem E,promoto.Nam inde nobis emergit VENERIS
solum Character.Apertum ergo iam fecimus,Hieroglyphi-

F cis istis

cis iftis Syllogifmis:Ex B,non fperandum nobis verum D.
Nec fuiffe primò veram C,in natura B: Vnde nô fuit VE-
RA, LVNA,viua. De VITA ergo & Motu quoq; iâ dubitare
potes:an verè & Naturaliter,fic fe habeant: Erunt tamê,vt
iamPrudentibus Elucidauimus, ad minus ANALOGICA
quidê, OMNIA,quæ fimili(de B)dicuntur Phrafi:vt & fupe-
rius,quę de C,& D,perftrinximus breuiter, ANALOGICE:
Ipfi B,cum fuis ELEMENTIS,Propriè conueniunt. Quæ de
Arietis etiâ Natura adduximus,huic debêt exactè côueni-
re:cùm eandê illius in fuo capite(licet inuersâ)geftet Figu-
râ:vt & Elementorû eadê Nota Myftica, ipfi B adiungitur.

Cùm ex hac tamê Anatomia videmus,quòd ex vnico noftræ MONADIS corpore(tali diffecto arte)ifte nouus pro-
dierit TERNARIVS:Inde,dubitare nô poffumus, Eiuf-
cemodi MEMBRA,mutuam inter fe amplexura SYMPA-
THIAM: VNIONEMQVE MONADICAM ABSOLVTISSIMAM,
fua quafi fponte,admiffura: Ita in iftis MEMBRIS, MA-
GNETICA virtus eftvegeta.

Hoc denique annotare libuit,(animi recreandi gratia:)
Quòd ipfum B,nobis, RVSTICAS, tot literas expeditifsi-
mè exhibet,quot Puncta,furfum, confpicienda in
Capite, & quafi Fronte gerit: iftas fcilicet tres:
vt& alias quafi fex:(Sûmatim autê ter tria)RVDES
valde &impolitas,fluxiles volubilefq; : vt,ex Semicirculis,
vno vel pluribus,eafdê effe factas videtis. Sed Expertorum
literatorumque manibus ineft firmior Stabiliorquê ISTAS
FORMANDI LITERAS Ratio.Myfteriorû infinitaté, hîc ante
oculos habui:fed volui cum hoc Ludicro,iftam abrumpere
Theoriam. Haud parû tamen me quorundâ promoturû
Conatus intelligo:Si(priori fuo Myftico Situi,reftituta noftra MONADE: Compofitifque Artificiosè fingulis Mé-
bris)Saltem moneam eofdem,horterque:accuratius,NVNC
eruére, QVIS fuit IONIS ille ARIETINVS, TRI-
PLICI-

PLICITATIS PRIMAE. QVIs Illc Aequinoctialis noster. QVIS in causa fuit, quòd SOL EXALTARI poterat SVPRA VVLGAREM SVVM GRADVM: Cc-
teráque priora, perpluta, SECVNDIS SAPIENTIO-
RIBVS PERCVRRERE MEDITATIONIBVs. Sed
nos ad alia nunc properantes, digito tantùm alijs iter indi-
care, (cui insistere debeant) non amicè solùm, sed etiam fi-
delissimè voluimus: Mysteriorum (vt diximus) aliorum ta-
centes tamen infinitatem Conspicuam.

THEOR. XXII.

NOndum nostræ MONADIS esse exhausta Mysteria, facilè liquebit. Si secretiora quedam ARTIS SAN-
CTAE Vasa (omnino Cabalistica illa quidem) Solis Initia-
tis Reuelanda; ex eiusdem MONADIS officina cautè de-
sumpta, Vestræ Serenitati Regiæ, nunc exhibuerim spectan-
da. OMNI ergo NEXV nostræ MONADIS Sapien-
ter DISSOLVTO, singulis partibus (distinctionis gratia)
literales addamus
Notas : prout hic
factum videtis.
Monemus ergo, α,
esse Vas quoddã
Artificiale, ex A &
B : cum (vtrisque
communi, & iam
Manifestãdo SE-
MIDIAMETRO)
ipsa quidem M, fa-
ctum : Et, ab Al-
phabeti Gręci, Pri-
ma, hac litera, sola
partiti locali Me-
tathesi, diuersum:

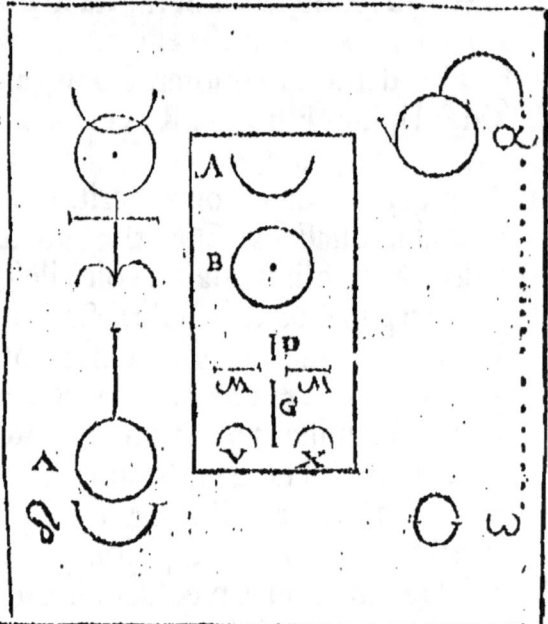

F 2   vt Videtis:

vt Videtis: Ex Recta enim, Circulo & Semicirculo, Verã illius, Mysticáque iã nos primi docemus, Symmetriam (licet
supra etiã monuimus ex Circulo,& Semicirculo candẽ fieri posse: omnia tamen in idẽ recidunt propositũ Mysticum)
At , λ, & δ: Primũ quidem, aliorũ sunt Vasorum quasi Ima-
gines: (λ, quidem VITREI: δ autẽ, Terrei.) Sed, secũdo in
loco, λ, & δ, nos memores reddere possunt, cuiusdam Pi-
stilli & Mortarij, ex Materia (verè) tali præparandorum; Vt
cum eisdem Margaritas Artificiales non perforatas, Lami-
nas chrystallinas, Beryllinásq̃: Chrysolitos, Rubinos deinde pretiosos: Carbunculos & alios Rarissimos Lapides Artificiales in Puluceres subtilissimos Conteramus. Deniq́ue
quod cum ω notatum videtis, Vasculum est, Mysteriorum
Plenissimum: & ab ipsa Vltima Alphabeti Græci litera, (ad
suam primam institutam Mystagogiam nunc restituta.) vel
sola partium manifesta Metathesi locali discrepãs: ex duobus & illa quoque constante Semicirculis. De Vulgaribus
præterea Necessarijs Vasorum, tum figuris, tum (vnde fieri
debent) Materijs, non est necesse hoc loco, vt verba facia-
mus. Hoc tamen erit considerandum, α, sui Muneris ob-
eundi captare Occasionem, ex Secretissimo breuissimoque
Spiraculi ARTIFICIO: Et (חמלח חמירי ששם נשורה סרם
(נמוג מומעל אחר litroVinium אן] Tyronibus OPERIS
expeditissimum eliciet Primordiale Specimen: Interim dũ
SVBTILIORA Præparandi, artificiosior illis innotescat
Via. At in λ, vitreo (In præcipui sui officij functione,) Aër
omnis externus, Ventusúe damnum adferret magnum.
 ω, autem, OMNIVM est HORARVM HOMO.

Πόρισμα.

Τῆς ἱερᾶς, Τέχνης, Quis iam non potest suboderari, suauissi-
mos & saluberrimos Fructus: vel ex istarum (dico) dua-
rum tantùm literarum enascentes Mysterio? Quorum ali-
quos quasi in speculo videndos, propius aliquantulum ex
 nostris

noſtris HE S P E R I D V M H O R T I S) adducemus: Nihil,
extra noſtram M O N Á D E M, in mediũ ferentes. Ipſa enim
quæ in Alpha apparet Recta Linea, omologa illi eſt, ex po-
ſtremæ Anatomiæ, Crucis parte ea, quæ Litera M , nota-
tur: reliqua etiam, inde patêre poteſt, vnde huc veniant.

	Exiſtens ante Elementa.	Adam Mortalis Maſculus & Fœmina.	Mortifi- cans	Adumbra- tus.	Natus in Stabulo.
	Elemẽtaris œconomia.	Elemẽtalis Genealogię Conſum- matio.	Crux.	Crux.	Holocau- ſtum in Cruce
	Exiſtens poſt Elementa.	ADAM, IM MOR- TALIS.	Viuificans.	Mahifeſtiſ- ſimus.	Rex Regũm Vbique.
Conceptus Singulari In- fluentia.	Potentiæ Semen.	Creatio Hyles.	Matrimo- nium Ter- reſtre.	Principium	
Paſſus & Se- pultus.	יהוה Virtus Denaria.	Depuratio Elemẽtalis.	Crucis Martyriũ.	Medium.	
Reſurgens, propria vir- tute.	Gloriæ Triũphus.	Transfor- matio.	Matrimo- nium Diuinum.	Finis.	

His paucis, tales me ſcio non ἀφορμὰς ſolũ, ſed Apodixes
dare illis, quibus Igneus intus viget gliſcitque Vigor, & cæleſtis Origo : vt facilè iam magno Democrito aurem præ-
beant: τὸ τῆς ψυχῆς prædicenti ἴαμα, ἢ πάντος μόχθȣ λυτήριον
κατασκευᾶσαι βȣλομένοις, non Μυθικὸν eſſe hoc Dogma, ſed

Μυσικὸν,

,, Μυ<i>σ</i>ικὸν & Arcanum: vt & illi, qui affeuit, quòd λόγῳ δημι-
,, έργκ κόσμκ μεθοδ'εύεται: ἵνα ὁ Θεόφρων ἠ ὁ θεογενὴς ἄνθρωπος, διὰ
,, τῆς ἀιθείας ἐργασίας: καὶ θεολογικῶν, καὶ μυςικῶν λόγων μαθῇ.

THEOR. XXIII.

SYmmetrias, iam, in noſtræ MONADIS Conſtructione
Hieroglyphica, à nobis obſeruatas: & ab illis, qui in An-
nulis, Sigillisúe, eandem geſtare, vel aliter habere, gratũ erit,
obſeruandas: accuratè annotatas hìc exhibemus. In Nomine IESV CHRISTI, pro nobis CRVCI affixi (cuius Spiritus celeriter hæc per me Scribentis, Calamum
tantùm, eſſe Me, & Opto, & Spero.) Ex ELEMENTO-
RVM noſtra CRVCE, omnes iſtas nunc petemus Menſu-
ras. Vel hac quidem (iuxta PROPOSITI ARGVMEN-
TI MATERIAM) ratione: Quòd, ſub Cælo LVNÆ, quid-
quid ſuæ Generationis capit Exordiũ, vel ex QVATVOR
Elementis eſt coagmentatum: vel Elementaris ipſa quidem
eſt ESSENTIA: Idéque modis varijs, non Vulgariter co-
gnitis. Et quia in nulla re Creata, Elementa ipſa, in Aequa-
li ſunt Proportione, vel virtute: Arte tamen ad Aequalitaté,
in quibuſdam (vt Sophi norunt) rebus, reduci poſſunt: in
CRVCE noſtra, Aequales & non Aequales conſtituimus
partes. Quòd, alia ratione, Idem & Diuerſum: ſiue Vnum &
Plura, nominare poſſumus: CRVCIS æquilateræ, (vt ſu-
pra monuimus) in Secreto, admittentes Proprietatem.
At, Si SYMMETRIARVM hìc poſitarum, rationes (quas tene-
mus) ſingulas, in medium adduceremus: vel aliter, quàm
(Sapientibus) abundè ſatis, per totum fecimus opuſculum,
demonſtraremus cauſas: Propoſiti noſtri, Limites, nobis,
haud temerè præſcriptos, tranſiliremus.

ACcepto, in plano, Puncto aliquo: Velùti A: per idem,
vtrinq; ducatur Recta ſatis longa: que ſit C, A, K. & ſuper
lineam K, C, à Puncto A, erigatur Perpendicularis: Vtrinque,

quæ, ad fufficientem producta Lõgitudinem (in Infinitum, folent dicere Geometræ, bene, incommoda præcauentes) Quæ admittatur effe D A E. Iam in A K: accipiatur Pun-ctum, vbi libet: & fit B. Habita primùm nunc A, B, (noftri fcilicet operis cõmuni Menfura) huius, Tripla capiatur, ab

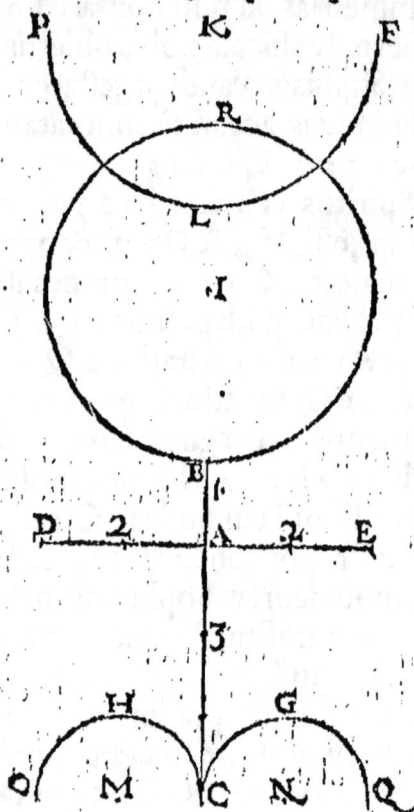

A verfus C: & ponatur effe A C. Ipfius A B, Du-pla fiat A E. Et Dupla ipfius A B, fit A D. Ita quòd tota D E, fit ipfius A B, Quadrupla. Sic er-go noftram C R V C E M ELEMENTALEM cõ fecimus. Ex A B, A C A D, & A E. Linearum Scilicet QVATERNA-RIO. Nunc, ex B K, re-fecetur recta, æqualis ip-fi A D: & fit B I. Cen-tro I, & Interuallo I B, defcribatur Circulus; qùi fit B R: fecans rectã A K in pñcto R. A'pun-cto R, verfus K, refcinda-tur recta æqualis ipfi A B; & fit R K. Ad punctũ

K, educatur vtrinque, (ad angulos rectos, cum ipfa A K) Sufficientis longitudinis linea recta: quæ fit P, K, F. Ab ipfo K, puncto, verfus F, refecetur recta, ipfi A D æqualis: Et fit K, F. Centro deinde K, & Interuallo K F; defcribatur Se-micirculus F, L, P, ita quòd F, K, P, fit eiufdem Diameter. Tandem ad punctum C, ipfi rectæ A, C, ducatur Perpen-dicularis, vtrinque, ad longitudinem fufficientem extenfa:
& fit

& fit O, C, Q. Poſteà, ex linea C, O, & ad punctum C, accipiatur Recta æqualis A, B, lineæ: Et fit C, M. Centro M, & interſtitio M, C, deſcribatur Semicirculus C, H, O, cuius Diameter fit C, M, O. Et ſimili denique ratione, ex C, Q, recta, & ad Punctum C, reſecetur linea æqualis ipfi A, B; & fit C, N. Centro igitur N, & longitudine N, C, fiat Semicirculus, C, G, Q: Cuius, C N Q fit Diameter. Iam, Aſſerimus requiſitas omnes, in noſtra MONADE, SYM-METRIAS, explicatas, deſcriptasque eſſe.

Monere tamen Mechanicum libet: C, K, totam lineam, nouem eſſe talium partium, qualiũ, noſtra FVNDAMEN-TALIS, A B, vna eſt. Vnde alia via, ille ad hoc idem opus abſoluendũ accedere poteſt. Deinde Diametros, Semidia-metrosque omnes, obſcuris hîc (vt loquuntur Mechanici) lineis deſignari debere. Nec vllum viſibile relinquendum CENTRVM: excepto Centro Solari: quod, hîc, litera I, notatum videt. Literasque adiungẽdas nullas. Tum ad Ornatum, (non Neceſſitatem aliquam Myſticam à nobis ea ratione, iam conſiderandã) Peripheriæ Solari, Latitudinem Superficialem (intrinſecus parallelo vno deſcripto) Mecha-nicus adijcere poteſt. (Parallelorum vero diſtãtia, per quartam quintámue partem, A, B, vel circiter, fieri poteſt.) Lu-nari autem, illam tribuere Speciem, qua ſolet Prima, poſt ſuã cum Sole Coniunctionem, in Cælo Apparere videlicet Corniculata admodum. Quod fiet, ſi à K puncto, verſus R, accipiatur illa, (quam diximus) Quarta, quintáue pars li-neæ A, B: & ſuper eius lineæ fine, tanquam Centro, Se-midiametro verò Lunari, trahatur iſta ſecunda Peripheriæ pars, ad vtrunque prioris Semicirculi contactum niti-dum. Simile quid ad M, & N, puncta, fieri poteſt; erectis ibi Perpendicularibus: in quibus pars, ipſius A B, ſexta, vel minor accipiatur: vbi, facto Centro, prioribus autem M, C, & N, C, Semidiametris, ducãtur extrinſecus, illi ſecundi, quaſi

quaſi Semicirculi . Per
ipſas denique , noſtræ
Crucis Rectas , vtrinq;
poſſunt Parallelæ pro-
trahi,à medijs per octa-
uam,vel decimam par-
tē ipſius A,B,diſtantes:
Ita vt noſtra Crvx , ex
qvatvor Superficie-
bus,quaſi Linearib⁹, ea
ratione cōficiatur:qua-
rum latitudo , ſit quar-
ta vel quinta pars ipſius
AB,rectæ . Hæc Orna-
menta, appoſita figura,
volui aliquo modo ad-
umbrare . Quæ omnia,
vnuſquiſque,pro ſui ani
mi ſententia,facere po-
teſt: modò interea, no-
ſtris Myſticis Symme-
triis, nulla (vel minima)inferatur Iniuria: Ne,ea quidem
negligentia,temporis tandem progreſſu, verarum iſtarum
(& maximè neceſſariarum) Commenſurationſi Hierogly-
phicarum perturbetur ,pereatúe Diſciplina noua : longè
amplior Maiorque quàm hoc libello , eandem vel potui-
mus ,vel voluimus quidem explicare . Vt Temporis Filia,
Dei, nvtv, docebit Veritas.
AT,quæ cuïuis eſſe obuia poſſunt,in iſtis noſtræ Monadis Symmetrijs ſeſe exercenti,Methodicè iam quædā,
ob oculos ponemus.Primùm quidem ordientes, à noſtræ
Crvcis Linearum Qvaternario:eo habito reſpectu,quo, Qvatvor eſſe Lineas,ſimpliciter enuntia-
G re,quis.

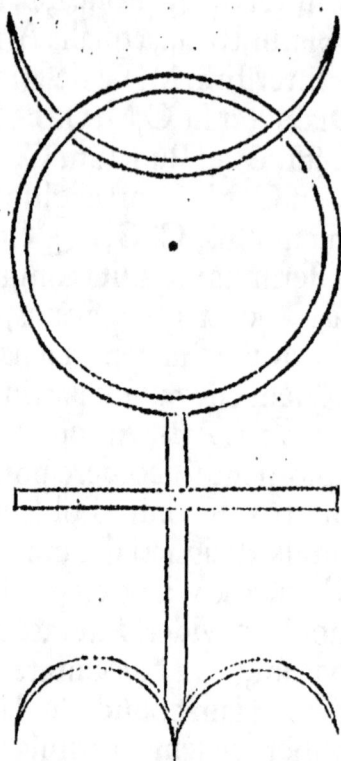

re, quis poteſt. Deinde de Earundem linearum QVATER-
NARIO: prout peculiarem, Myſticamque, alio modo, habet
partitionem, & rationem.   Tertiò, Numeris, quos vel iſto
loco, vel ex alijs, per totū libellum, Theorijs, artificioſè eli-
cuïmus, vtilia quædam à Deo in NATVRA, eſſe deſtinata
Officia, nonnullis monſtrabimus exemplis: aliaque oppor-
tunis inſeremus locis: quæ fructum haud exiguum ferent,
probè intellecta: hæcque breuiſſimè abſoluemus.

QVATERNARII PYTHAGORICI.

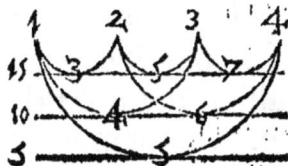

Omnis poſ-
ſibilis Me-
tatheſis, 24.

Summa Py-
thagorica,
———————— 10.

Omnimodá
partium ad-
ditio, dat 30.

Noſter Metatheſeos Canon.

» NAturali ordine, à Prima Monade, deſcriptis quotcunq;
»   Numeris: Si à Primo ad Vltimum, fiat Continuata mul-
» tiplicatio: vt, Primi in Secundum: producti in Tertium: il-
» liuſque Producti in Quartum: ſimiliáue modo ad vltimū:
» Productum vltimum, omnem Poſſibilē Metatheſim in illis
» tot locis, determinat. Parique ratione, in quibuſcunque, tot
» diuerſis rebus: Hanc ego Operationem, tibi (O REX)
plurimùm Commendo: tum in omni Naturæ examinatio-
ne, tum in alijs Reipub. Negotijs vtiliſſimā. hac ego in He-
bræorum Tziruph (ſiue Thmura) cum maxima voluptate,
vti ſoleo.

QVA.

QVATERNARII ARTIFICIALIS.

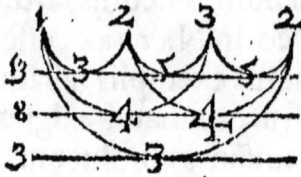

Continua-
ta multipli-
catio, —— dat —— 12.

Simplex
additio,
—— dat
} 8. {
1.
7. {4.
3.

Omnimodæ
partium ad-
ditionis, Sum-
ma —— est —— 24.

Omni;
fibili M
tatheſi
Quater
narij, A
qualis:
Quæ at
phyſica
24 Kara
determi
nat Sani
tatem ,
Bonitate
Summar
Supra te
ram dun
habetur,
per ſe.

NOn ſum Equidem Neſcius, perplures alios, ex QVA-
TERNARII, Arithmetica Virtute, & FORMALI-
TATE, in lucem adferri potuiſſe Numeros. Sed qui ISTIS,
Naturæ euolui, illuſtrariǿue obſcuritatem magnam, non
deprehenderit: maiori eorum multitudine, obtundi ſuum,
non acui, ſentiret ingenium. Noſtris ergo Numeris (vt
ſumus polliciti) quantum inſit Auctoritatis, in ELE-
MENTIS PONDERANDIS, in TEMPORVM
MENSVRIS definiendis, Denique in
Rerum Poteſtati & Virtuti, cer-
tis præſcribendis GRADI-
BVS, ex ſequentibus,
id perpendendum
exhibemus
Schematibus.

G 2   *Numeri*

Numeri nostri hanc habet Dignitatem: Vt illorũ violare Leges, Peccatum ſit contra Naturæ Sapientiã: quæ, eiſdem nos docere velit, (in Myſterijs ſuis maximis examinandis) quibus certis Limitibus Statiſque, Illi, denincia̅tur.

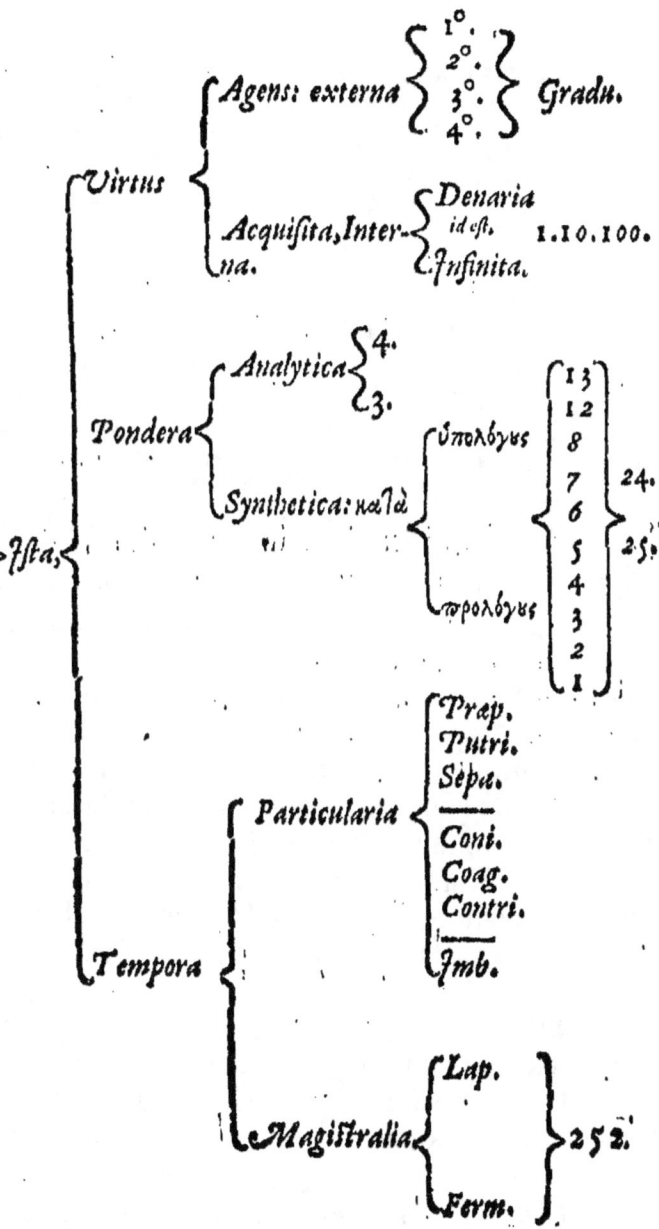

Iſta,

Virtus
- Agens: externa — 1°. 2°. 3°. 4°. — Gradu.
- Acquiſita, Interna.
  - Denaria id eſt. 1.10.100.
  - Infinita.

Pondera
- Analytica — 4. 3.
- Synthetica: κα7ὰ
  - ὑπολόγυς — 13 12 8 7 6 — 24.
  - προλόγυς — 5 4 3 2 1 — 25.

Tempora
- Particularia
  - Præp.
  - Putri.
  - Sepa.
  - Cont.
  - Coag.
  - Contri.
  - Imb.
- Magiſtralia
  - Lap.
  - Ferm. — 252.

HORIZON AETERNITATIS.

	METAMORPHOSIS CONSVMMATA			QVATERNARIVS, quo Nume-rato, MONAS noftra SABBATI-ZAT: ARTIS NATVRAE-QVE vltimam nacta PO-TESTATEM.		
8		4				
7		3				
6		2				
5		1				
HORIZON TEMPORIS						
4	Ignis	1000.	7	3	Anthrax	24.25.
3	Aëris	100.	6 5	2	Citrinitas	
2	Aquæ	10.	4 3	2	Serenitas Chryftallina	12.13.
1	Terræ Pugillus	1.	2 1	1	Tenebræ	

Regnum Spūs: Animæ — Corpo:

SVPERCAELESTIS
SVPERCAELESTIS
AETHEREA
CAELESTIS
TERRESTRIS
SIC FACTVS EST MAGNVS

EX iftis Schematibus, plura elici poffunt: (fi penitius con-
fiderentur)quàm apertis par eft proferre verbis. Hoc tamen præ ceteris monemus fingulare vnum, (à nobis etiam
Primis vnà cum tota hac noua euulgatum arte) Rationem
hîc in medio effe pofitam, ob quam, QVATERNARIVS,
vel DENARIVS, Numerationibus finem imponit quen-
dam: eamque caufam quam attulere Maiores noftri, non
fuiffe abfolutam, exactamque afferimus : fed iftam, qua n
nunc narrabimus.

Poftquam ifta MONAS, eft fibi integrè, plenéque
Phyficéque Reftituta, (tum quidem eft MONAS, v-
NITISSIMA, Magorum que iudicata VNITAS)
neq; in NATVRAE, neque vllius ARTIS eft pote-
ftate, EANDEM SAEPIVS QVAM QVATER, per
Supercæleftes Reuolutiones, ad Progreffum vllum, Mo-
TVMVE faciendum impellere: (Ac inde progignitur Ille,

G 3   quem

,, quem nos, ob eminétiam suam, sic notari voluimus,)
,, Idque ea de causa, quòd nec in Elementali mundo,
,, nec Cælesti, nec S v p e r c æ l e s t i, sit aliqua
,, Potestas, C r e a t a i n f l v e n t i a l i s: Qua,
,, tunc, non fuerit absolutissimè Ditata & Dotata.

Cuius, hunc verum Effectum, Q v a t v o r simul (olim)
Philosophantes Clarissimi Viri, Opere sunt consecuti: Vnde, diu, Maximo Rei Miraculo Attoniti, Tandem ad Dei
Opt. Max. Canendas, prædicandasque Laudes, se totos, deinceps conuertebant: Qui, ea ratione, illis, tantam Sapientiam, & super C r e a t v r a s cæteras, Potentiam, Impe-
riumque fuisset Largitus amplissimum.

THEOR. XXIIII.

V T, nostrum huius Libelli Exordiũ, à Puncto, Recta, Cir-
culoque Coepimus: Sicque ex nostro M o n a d i c o
p v n c t o, l i n e a r e m nostrorũ E l e m e n t o r v m
Effluxionem Extremam, in Circulum Circumduximus,
1. Analogum ferè ipsi Aequinoctiali, qui Horis 24, suã Con-
ficit Circuitionem: I t a, nunc tandem, Q v a t e r n a r i i
o m n i m o d a m m e t a t h e s i m, (Numero definitam,
2. 24.) M e t a m o r p h o s i m q v e, hac nostra Vigesima
Q v a r t a Consummabimus, Terminabimusque Theoria: Ad H o n o r e m, G l o r i a m q v e cius (Q v i,
(Teste, Mysteriorum Diuinorum Archipræsule, Ioanne: in
Q v a r t i Apocalypseos Capitis, parte Q v a r t a, v l-
t i m a q v e) in Throno Sedet: In Cuius M e d i o c i r-
3. c v i t v q v e, Animalia Q v a t v o r (singula A l a s
s e x habentia) Sine requie, D i e ac N o c t e, dicunt
Sanctus, Sanctus, Sanctus Dominus Deus Omnipotens,
Q v i Erat, & Q v i Est, & Q v i venturus Est (Q v e n
4. etiam, ex 24 Sedilibus, in C i r c v i t v positis, S e n i o-
5. r e s 24, procidentes (A v r e i s s v i s A b i e c t i s
CORONIS,

coronis) adorant; dicentes : Dignus es Domine accipere Gloriam & Honorem, & Virtutem: Qvia, tv, Creasti omnia: Et propter Voluntatem tvam svnt: et creata svnt.

AMEN, DICIT
LITERA QVARTA,
Δ :

Cui, Devs, *Voluntatem Habilitatemque dedit, Diuinum hoc Myfterium, æternis Sic con signare Literarum Monimentis: Laboresq, hofce Suos, placidiffimè abfoluere, Iahuary 25: die eiufdem 13, Jnchoatos:*

An. 1564. Antwerpiæ.

In Tellectvs
Ivdicat
Veritatem

Contactus ad Punctum.

Vulgaris, Hic, *Oculus* CALIGABIT, DIFFIDETQVE *plurimùm.*

ANTVERPIAE:
EXCVDEBAT GVLIELMVS SILVIVS, REGIVS TYPOGRAPHVS: PRIDIE CALEND. APRILIS. AN. 1564.

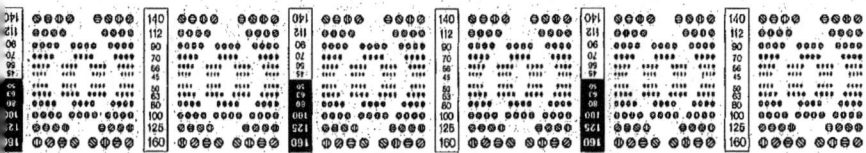

jraphicom

338.57.70

0   1   2   3   4   5   6   8   9   10

SERVICE   PHOTOGRAPHIQUE

www.ingramcontent.com/pod-product-compliance
Lightning Source LLC
LaVergne TN
LVHW022146080426
835511LV00008B/1287